Fátima

Renzo Allegri

Fátima

Memórias para o nosso tempo

Paulinas

Dados Internacionais de Catalogação na Publicação (CIP)
Angélica Ilacqua CRB-8/7057

Allegri, Renzo
Fátima : memórias para o nosso tempo / Renzo Allegri ; tradução de Andréia Schweitzer. – São Paulo : Paulinas, 2023.
264 p. (Investigando a história)

Bibliografia
ISBN 978-65-5808-203-3
Título original: Fatima: una profezia lunga cent´anni

1. Maria, Virgem, Santa – Aparições e milagres – Portugal – Fátima 2. Fátima, Nossa Senhora de – História 3. Lúcia, Irmã, 1907-2005 4. Marto, Francisco, Santo, 1908-1919 5. Marto, Jacinta, Santa, 1910-1920 I. Título II. Schweitzer, Andréia III. Série

23-0077 CDD 232.917

Índice para catálogo sistemático:

1. Maria, Virgem, Santa – Aparições e milagres – Portugal – Fátima

Título original da obra: *Fatima: Una profezia lunga cent'anni*

1ª edição – 2023

Direção-geral: *Ágda França*
Editora responsável: *Marina Mendonça*
Tradução: *Andréia Schweitzer*
Copidesque: *Mônica Elaine G. S. da Costa*
Revisão: *Sandra Sinzato*
Capa e diagramação: *Tiago Filu*

Paulinas

Rua Dona Inácia Uchoa, 62
04110-020 – São Paulo – SP (Brasil)
Tel.: (11) 2125-3500
http://www.paulinas.com.br – editora@paulinas.com.br
Telemarketing e SAC: 0800-7010081

À minha esposa Vittorina,
uma preciosa colaboradora,
agradeço pela paciente
revisão do manuscrito.

SUMÁRIO

PREFÁCIO

Uma guerra mundial que termina, outra que explode, a ideologia comunista que se afirma e se espalha pelo planeta, uma fonte de água que brota repentinamente e faz milagres, o Sol que gira no céu e parece cair sobre milhares de pessoas em fuga, segredos escondidos, um papa que é morto durante um grande extermínio de cristãos. As profecias de Fátima têm tudo para ser terríveis e fascinantes, para chamar a atenção não só dos crentes, mas também para sobreviver há mais de um século de paixões e fazer as pessoas debaterem. Fátima é a aparição de Nossa Senhora mais "política" da história, e a história a atravessa há décadas, criando dúvidas e hesitações até mesmo nos papas, que, mesmo exaltando publicamente essa aparição, sempre relutaram em cumprir o simples pedido da Virgem, que prometia impedir os amedrontadores conflitos que abalaram o século XX e mudar o curso da história, caso se cumprisse o que ela suplicava em nome de Deus: a explícita consagração da Rússia ao seu Imaculado Coração.

O livro de Renzo Allegri retrata tudo isso e muito, muito mais. Grande cronista, orgulho do jornalismo italiano, com investigações, reportagens, entrevistas muito importantes e mais de oitenta livros de grande circulação, traduzidos em várias línguas do planeta (até o Cardeal Pietro Parolin, secretário de Estado do Papa Francisco, citou um de seus livros durante a homilia pela canonização de Madre Teresa de Calcutá), Allegri nos conduz ao labirinto desta história que começou numa aldeia remota de Portugal, tendo como protagonistas iniciais três crianças que pastoreavam ovelhas e que, a seguir, envolveram os poderosos das nações e consulados de meio mundo. O autor coletou testemunhos muito importantes, como o do irmão dos pastorzinhos Francisco e Jacinta, ou do Padre José Valinho, sobrinho de Irmã Lúcia e um dos poucos que tiveram acesso a ela, que se encontrava encerrada em um convento de clausura de Coimbra, ou de Dom Pavel Hnilica, bispo consagrado clandestinamente durante as perseguições do regime comunista e que então, por conta do Papa Wojtyla, realizou missões secretas acerca de Fátima. O autor poderia ter se limitado a isso, mas não o fez. Em vez disso, escolheu usar o fato para criar uma história densa como o enredo de um romance apaixonante que, no entanto, é realidade.

Também eu tratei de Fátima e de suas consequências em várias ocasiões, e por isso tive a honra de escrever esta introdução: recebi e publiquei cartas da Irmã Lúcia; elaborei, após a queda do Muro de Berlim, uma pergunta sobre Fátima que fiz a João Paulo II numa coletiva de imprensa com jornalistas no avião durante uma das suas viagens internacionais; em seguida, enviei as palavras do papa à Irmã Lúcia, que respondeu citando uma Terceira Guerra Mundial evitada; transmiti em vídeo a única grande entrevista com a Irmã Lúcia (que ainda tem uma parte inédita), uma entrevista que surpreendentemente, dada a vigilante discrição que se mantinha sobre ela, fui autorizado a filmar; conheci parentes da Irmã Lúcia, seu médico particular, algumas pessoas que tiveram acesso a ela, incluindo cardeais. Por isso pensei que sabia muito sobre Fátima, mas este livro de Renzo Allegri surpreendeu-me pela vastidão da pesquisa realizada, investigando, com grande rigor e a sua fascinante capacidade narrativa, todos os acontecimentos da aparição e seguindo os muitos caminhos em que se desenvolveram, as visões que se sucederam à Irmã Lúcia ao longo dos anos, os problemas, os confrontos, as reações dos papas e as suas dúvidas, a polêmica, ainda em curso, sobre se a terceira parte do segredo de Fátima foi completamente divulgada ou não. Allegri apresenta sempre, com clareza, todas as posições opostas, mas não se abstém de sugerir, caso a caso, qual considera mais convincente.

Um grande trabalho, enfim, mas feito com um olhar que vai além da notícia: como explica o próprio autor, é a tentativa de mostrar – nesta história que traz concretamente o eterno para a história ao abolir a distância, que, no entanto, é sempre apenas aparente, entre o céu e a terra – quais são as preocupações, os desejos, o amor maternal que Nossa Senhora tem pela nossa vida humana e por cada um de nós.

Stefano Maria Paci
Vaticanista do Telejornal Sky Tg24

Este livro nasceu em Dossena, uma pequena cidade montanhosa em Val Brembana, na província de Bérgamo.

Um local que, desde o primeiro encontro, me fez lembrar Aljustrel, a vila nos arredores de Fátima onde viviam os três pastorzinhos – Lúcia, Francisco e Jacinta –, na época das aparições, cujo centenário foi festejado em 2017.

Em 1999, por causa do meu livro *Os milagres de Fátima: a história narrada pelo sobrinho de Irmã Lúcia* (publicado por Paulinas Editora, em 2010), passei vários dias em Aljustrel, recolhendo informações e memórias de alguns idosos que conheceram os videntes. Principalmente de João Marto, irmão de Jacinta e Francisco. Já estava com 94 anos, mas tinha uma memória invejável e a gentileza de um antigo fidalgo. Passamos horas sob a sombra de uma árvore ao lado de sua casa. Ele falava com uma alegre lucidez. Também me acompanhou, com um de seus sobrinhos, na visita aos lugares onde seus irmãozinhos e sua prima Lúcia se divertiam, brincando e pastoreando o rebanho, rezando e, também, onde tinham ocorrido as aparições do Anjo e de Nossa Senhora. Ele falava e eu, ouvindo, olhava em volta, fascinado pela paisagem e pelo silêncio encantador que nos envolvia.

Caminhando ao lado daquela testemunha de eventos que se distendiam entre o céu e a terra, e por aqueles lugares antes visitados por entidades celestiais, experimentei emoções e sentimentos inesquecíveis.

Sentimentos e emoções que foram despertados quando comecei a escrever este livro. Todas as manhãs, eu saía para passear com meu cachorro pelas trilhas do bosque de Dossena e elaborava mentalmente os temas sobre os quais estava escrevendo. E percebi que a paisagem à minha volta, com os pequenos rebanhos de ovelhas nas clareiras do bosque, lembrava-me a de Aljustrel. Memórias muito vivas, a ponto de, às vezes, caminhando, ter a impressão de estar ao lado do velho João, que continuava a falar. Uma impressão extraordinária, um presente maravilhoso daquela paisagem montanhosa. Obrigado, Dossena.

Renzo Allegri

I

1917-2017
UM SÉCULO VIOLENTO

Em 1917, aconteceram em Portugal as famosas aparições, lembradas como "Aparições de Nossa Senhora em Fátima", que estão entre as mais importantes da história religiosa moderna, aprovadas pela Igreja. E que, devido a um acontecimento físico marcante, lembrado como o "Milagre do Sol", anunciado desde o início e depois visto por milhares de pessoas, teve imediatamente um impacto muito forte na opinião pública, inclusive internacional.

Posteriormente, sempre no decorrer dessas aparições, Nossa Senhora fez previsões sobre o futuro do mundo, indicando movimentos ideológicos e políticos que causariam divisões, guerras, destruições de nações inteiras, perseguições religiosas, inclusive com o envolvimento de papas. Previsões que, durante certo tempo, estiveram contidas em documentos "secretos", mas que, quando foram reveladas e se constatou que Nossa Senhora previra o futuro com uma precisão desconcertante, contribuíram para o aumento do interesse não só de fiéis, mas também de ateus e agnósticos, fomentando discussões e polêmicas que nunca se extinguiram.

Na época das aparições, o mundo já vivia um período de conflitos dramáticos: estavam em andamento a Primeira Guerra Mundial, a Revolução Bolchevique, o Genocídio Armênio, as Guerras dos Bálcãs. Eventos baseados em ódio, vingança, opressão, terror. Com o passar dos anos, a situação global piorou: os massacres do marxismo stalinista chegaram com a deportação de nações inteiras, a Revolução Mexicana, a Guerra Civil Espanhola, o nazismo, os campos de concentração (8 milhões de mortos), a Segunda Guerra Mundial (54 milhões de mortos), o espectro das armas nucleares, o terrorismo. Niall Ferguson, um historiador britânico que dedicou extensos ensaios ao século XX, escreveu: "Neste século não há um único ano, antes, durante ou depois das guerras mundiais, que não tenha sido protagonizado por violência organizada em grande escala em uma ou outra parte do mundo".

E, enquanto os povos se dilaceravam em meio ao ódio, à vingança, à conspiração e aos massacres cada vez maiores, um evento misterioso acontecia numa pequena vila de Portugal, insignificante do ponto de vista da aparência "visível", mas destinado a marcar profundamente a história.

Na Cova da Iria, local então desconhecido e desabitado nos arredores de Fátima, uma belíssima Senhora aparece a três crianças, Lúcia, Francisco e Jacinta, que pastoreavam o rebanho. Três crianças humildes, filhas de camponeses pobres, analfabetos, representando inocência e simplicidade. Aquela belíssima Senhora é imediatamente identificada pelas três crianças como Nossa Senhora, Mãe de Jesus.

Nos vários encontros que se seguiram, a Bela Senhora entregou aos pequenos videntes uma mensagem destinada ao mundo, na qual indicava caminhos sábios a seguir para a salvação, em consonância com o imenso valor da vida na sua dimensão temporal e eterna. Ela condenava as barbáries em andamento, apontando-as como fruto do Mal que assolava o mundo desde o início, e discriminava a quais consequências dramáticas isso levaria. Convidava as três crianças a se aliarem a ela, em um pacto espiritual, para cooperar com a salvação da humanidade.

"Salvação" entendida no sentido dado a este termo pela religião cristã, e especificada pelos textos teológicos com o termo "*parusia*": "salvação total", da vida em sua concepção original, como era antes da devastação causada pelo pecado original e como será novamente no fim dos tempos.

E, na sequência desse primeiro "pacto de salvação espiritual" entre Nossa Senhora e os três pastorzinhos de Fátima, aos poucos foram surgindo movimentos religiosos, grupos de oração, agregações, costumes, devoções, considerados válidos e também apoiados pela hierarquia eclesiástica católica, os quais se espalharam por todo o mundo.

Cem anos depois das aparições de Fátima, o cenário histórico da luta entre o Bem e o Mal não mudou. Na verdade, ficou muito pior. O mundo hoje tem 8 bilhões de habitantes, organizados em cerca de 200 Estados, dos quais apenas uma dúzia está oficialmente livre de conflitos. Guerras, revoltas, disputas territoriais, reivindicações, terrorismo: sangue e ódio fratricida escorrem por toda parte. A corrida para a destruição global parece irrefreável.

Nosso planeta se tornou um barril de pólvora que pode explodir com consequências apocalípticas. Mas o guia profético para um caminho da humanidade rumo à miragem de uma paz universal possível, indicado em Fátima, continua vivo. A Bela Senhora, como prometeu, jamais abandonará a humanidade.

Na segunda aparição em Fátima, referindo-se ao futuro dos três videntes, Nossa Senhora disse a Lúcia: "Em breve, virei buscar Jacinta e Francisco. Mas você tem que ficar aqui mais tempo. Jesus quer usar você para me tornar conhecida e amada".

E essa previsão, feita em 13 de junho de 1917, também se cumpre à risca. Francisco foi para o céu em 4 de abril de 1919, quando faltavam dois meses para completar 11 anos; Jacinta o seguiu em 20 de fevereiro de 1920, um mês antes de completar 10 anos; Lúcia, por outro lado, permaneceu no mundo até 13 de fevereiro de 2005, quando faltava um mês para completar 98 anos. Viveu num mosteiro, em Coimbra, como freira de clausura, mas, como lhe fora pedido, comprometeu-se todo o tempo da sua existência a tornar Nossa Senhora conhecida e amada. Ela foi uma testemunha atenta, vigilante, escrupulosa e exigente na defesa do que tinha visto e ouvido, para que nada fosse poluído ou distorcido.

A literatura que se desenvolveu ao longo de cem anos sobre as aparições de Fátima, composta por livros, artigos, documentários e filmes, é enorme e muitas vezes centrada, sobretudo, nos aspectos milagrosos e espetaculares, surgidos desde o início do evento. Nestas páginas, tentei reconstituir os fatos históricos, tomando como guia os escritos de Lúcia – que são surpreendentes e têm um valor inestimável, porque ela sempre e rigorosamente visa expressar apenas a verdade dos acontecimentos, despojando-se de todas as possíveis emoções desviantes – e os testemunhos de algumas pessoas que conheciam muito bem a vidente e a quem tive a sorte de visitar.

Em particular, Padre José Valinho, sacerdote salesiano, sobrinho direto da Irmã Lúcia; Dom Pavel Hnilica, bispo eslovaco, que abordou a freira várias vezes em nome do Papa João Paulo II; e, sobretudo, João Marto, irmão mais velho de Jacinta (quatro anos) e Francisco (três anos). Durante as aparições de 1917, ele sempre esteve ao lado dos irmãos. Suas memórias eram claras, simples, visuais, ligadas principalmente a detalhes elementares e, portanto, extremamente preciosas e fascinantes.

Também eles são, além de testemunhas diretas e excepcionais, pessoas que contam com parcimônia e concisão, temerosas de falsear, com sua interpretação ou seu excessivo entusiasmo, a realidade e a verdade dos fatos.

Essas pessoas foram companheiras de viagem preciosas para mim e espero não ter traído suas confidências.

II

"NÃO TENHAM MEDO"

Tudo começou em 13 de maio de 1917. Era domingo. Lúcia, Francisco e Jacinta, três crianças de 10, 8 e 6 anos respectivamente, que viviam na vila de Aljustrel, perto de Fátima, Portugal, levantaram-se cedo e foram à igreja paroquial para ouvir a primeira missa. Voltaram para casa, tomaram o café da manhã e saíram com o rebanho.

Eles pertenciam a famílias de camponeses. Francisco e Jacinta eram irmãos, filhos de Manuel Pedro Marto e Olímpia de Jesus. Eram o décimo e o décimo primeiro filhos do casal. Lúcia, prima de Francisco e Jacinta, era a sexta filha de Antônio e Maria Rosa dos Santos. Nenhum dos três jamais tinha ido à escola. Na família receberam uma educação muito religiosa e na paróquia fizeram o catecismo.

A tarefa deles era levar algumas ovelhas para o pasto. Um compromisso que realizavam todos os dias, escolhendo, de quando em quando, vários locais no entorno da vila onde sabiam que as ovelhas encontrariam um bom local para pastar.

Eles não se afastavam muito de casa. Geralmente paravam em terras pertencentes a suas famílias ou nos bosques públicos. Os locais mais populares eram as colinas que circundavam Aljustrel, ou a Cova da Iria, um vale de bosques onde a família de Lúcia possuía um grande terreno.

O dia deles normalmente começava de manhã bem cedo. Tomavam um farto desjejum e saíam com as ovelhas.

Como suas casas ficavam em diferentes áreas da vila, encontravam-se em um local combinado, fora da cidade, e decidiam para qual pasto iriam. Assim que chegavam lá, passavam o dia brincando, mas sempre mantendo as ovelhas sob controle, para que não fizessem estrago na terra cultivada. Eles carregavam, em sacolas de pano, o almoço, que consistia de pão e queijo, e o complementavam com frutas silvestres e alguma verdura comestível. Costumavam rezar o rosário depois do almoço.

Naquele domingo, estavam atrasados em relação aos dias de semana, porque, como todos os domingos, tinham ido à missa antes de sair com o rebanho. O Sol já estava alto e o ar quente. Como de costume, foi Lúcia quem escolheu o lugar para o pasto. "Hoje vamos para a Cova da Iria, na propriedade dos meus pais", disse ela, e partiram.

A Cova da Iria ficava a cerca de dois quilômetros da vila. Eles caminharam lentamente, permitindo que as ovelhas pastassem na grama ao longo do percurso, que consistia em um caminho que cruzava campos cultivados, bosques e campinas secas.

Chegaram ao destino por volta do meio-dia. Tiraram o pão e o queijo das sacolas de pano e almoçaram. Em seguida, recitaram o rosário, como de costume, e finalmente começaram a brincar.

A diversão favorita deles consistia em escolher um arbusto e construir um círculo de pedras ao redor para "marcar" um lugar reservado e protegido, quase como se fosse uma casinha.

Eles haviam apenas começado a brincadeira, quando tiveram a impressão de que um raio os havia iluminado ao cruzar o céu. Olharam, mas não se via no céu nem sombra de nuvem. A abóbada celeste estava límpida e azul, até o horizonte distante que se perdia no oceano. Porém, estando longe de casa, eles se preocuparam. Lúcia, que era a responsável pelo grupo, decidiu que era prudente retomar o caminho de volta. Pelo menos, se chovesse, seria fácil chegar rapidamente às suas casas.

Eles reuniram as ovelhas. Seguiram em direção ao caminho que descia a encosta.

Passando por uma grande azinheira, espécie de árvore da família do carvalho, em cuja sombra costumavam deter-se para brincar, pararam espantados e consternados. Diante de seus olhos, havia uma linda Senhora que olhava para eles e sorria docemente. Ela apoiava os pés nos galhos de uma pequena azinheira e estava rodeada por uma nuvem de luz maravilhosa.

Foi ali, naquela tarde de 13 de maio de 1917, que aconteceu o milagre da primeira aparição de Nossa Senhora aos três pastorzinhos de Fátima. Um acontecimento repleto de valores proféticos desconcertantes relacionados à história do século XX, com indicações de datas, nomes, personagens, ideologias e eventos, que depois se realizaram literalmente e que continuam a despertar interesse e debates.

Os três a viram bem. Lúcia conversou com ela. Jacinta via e ouvia as palavras da Virgem, mas nunca falou com ela. Francisco, por outro lado, via, mas ouvia apenas o que sua prima Lúcia dizia. Nunca ouviu a voz da Senhora.

Eis como Lúcia, mais tarde, em uma de suas memórias manuscritas, descreveu aquele primeiro encontro.

> Quando ia brincar com Jacinta e Francisco, no alto da encosta da Cova da Iria, fazendo um muro em torno de um matagal, de repente vimos algo parecido com um raio.
>
> "É melhor irmos para casa, porque está relampejando. Pode cair um temporal" – disse aos meus primos.
>
> "Sim, vamos."
>
> Então, começamos a descer o morro, empurrando as ovelhas para a estrada. Aproximadamente na metade da encosta, quase ao lado de uma grande azinheira que havia ali, vimos outro clarão e, dando alguns passos à frente, avistamos uma Senhora sobre uma azinheira, toda vestida de branco, mais brilhante que o Sol, e que irradiava uma luz mais clara e intensa do que uma taça de cristal cheia de água cristalina, atravessada pelos raios do Sol quente. Surpresos com a aparição, paramos. Estávamos tão próximos, que nos encontramos dentro da luz que a envolvia ou que ela irradiava. Talvez a um metro e meio de distância, mais ou menos.
>
> Então Nossa Senhora nos disse:
>
> "Não tenham medo. Eu não quero machucar vocês".
>
> "De onde você é?", perguntei a ela.
>
> "Eu sou do céu."
>
> "E o que quer de mim?"

"Vim pedir que venham aqui durante seis meses seguidos, no dia 13, nesta mesma hora. Então direi quem sou e o que quero. Depois voltarei aqui pela sétima vez."

"E eu vou para o céu também?"

"Sim, você vai."

"E Jacinta?"

"Ela também."

"E Francisco?"

"Também, mas terá que recitar muitos rosários."

Lembrei-me, então, de perguntar sobre duas meninas que haviam falecido recentemente. Elas eram minhas amigas e estiveram em minha casa para aprender a tecer com minha irmã mais velha.

"A Maria das Neves já está no céu?"

"Sim." (Acho que ela devia ter mais ou menos 16 anos.)

"E Amélia?"

"Está no purgatório até o fim do mundo." (Acho que ela devia ter entre 18 e 20 anos.)

"Querem se oferecer a Deus para suportar todos os sofrimentos que ele quiser enviar a vocês, num ato de reparação pelos pecados com que foi ofendido e de súplica pela conversão dos pecadores?"

"Sim, queremos."

"Então vocês sofrerão muito, mas a graça de Deus será o seu conforto."

Ao pronunciar estas últimas palavras ("A graça de Deus etc."), abriu as mãos pela primeira vez, emitindo uma luz tão intensa, como um reflexo que saía delas e penetrava no nosso peito e no mais íntimo da nossa alma, fazendo com que nos víssemos em

Deus, que era essa mesma luz, mais claramente do que quando nos vemos no melhor dos espelhos. Então, por um impulso íntimo, caímos de joelhos e repetimos intimamente: "Ó Santíssima Trindade, eu vos adoro. Meu Deus, meu Deus, eu vos amo no Santíssimo Sacramento".

Após os primeiros momentos, Nossa Senhora acrescentou:

"Recitem o rosário todos os dias, para obter a paz no mundo e o fim da guerra".

Em seguida, começou a subir serenamente, em direção ao leste, até desaparecer na imensidão da distância. A luz que a circundava se abria como um caminho entre a massa das estrelas, por isso, às vezes, dissemos ter visto o céu se abrir.

III

"EU SOU O ANJO DA PAZ"

O relato da primeira aparição de Nossa Senhora em Fátima, narrado no capítulo anterior, foi escrito por Lúcia dos Santos em 1941.

Lúcia tinha 34 anos e era religiosa na Congregação das Irmãs de Santa Doroteia. O bispo, Dom José Alves Correia da Silva, então responsável pela diocese de Leiria, da qual Fátima dependia, estava colocando em ordem histórica tudo o que se relacionava com o acontecimento ocorrido em 1917.

Em 1919, à medida que aumentava o fluxo de peregrinos que iam à Cova da Iria, ele constituiu uma comissão de especialistas para estudar o caso e iniciar as investigações canônicas oficiais para avaliá-lo do ponto de vista religioso. Após longos debates, em 1930 o processo foi concluído e recebeu a aprovação do Papa Pio XI. Em outubro daquele ano, Dom José anunciou os resultados da investigação em uma carta pastoral, na qual, entre outras coisas, afirmava: "Declaramos dignas de fé as visões dos pastorzinhos da Cova da Iria, ocorridas na paróquia de Fátima, nesta diocese, de 13 de maio a 13 de outubro de 1917, e permitimos oficialmente o culto a Nossa Senhora de Fátima".

Um grande santuário já havia sido construído no local onde Nossa Senhora apareceu. As peregrinações eram diárias. O evento já era conhecido em todo o mundo católico e assumia uma importância espiritual cada vez maior. Era necessário, portanto, coletar todas as informações possíveis das testemunhas diretas ainda vivas e entregá-las à história.

Livros e muitos artigos já haviam sido escritos sobre aqueles eventos. Nos primeiros anos imediatamente após as aparições, os três videntes, incluindo Lúcia, foram abordados e questionados por centenas de pessoas. Seus relatos inocentes espalharam-se pelo mundo. Suas palavras foram repetidas improvisadamente e, às vezes, até mesmo deturpadas. O reconhecimento emitido pela Igreja em 1930 tinha, em certo sentido, "codificado" a história, marcando um ponto fixo substancial na realidade dos fatos. Mas era preciso libertá-los de todas as armadilhas, ornamentos, sombras, dúvidas, contradições, incertezas em que estavam imersos nos contos populares. E isso poderia ser feito, sobretudo, por meio das memórias de Lúcia.

A testemunha mais importante era ela. Durante as aparições, Nossa Senhora sempre se dirigia a ela, e Lúcia era a única dos três pastorzinhos que ainda vivia. Francisco e Jacinta, os outros dois videntes, haviam falecido em 1919 e 1920, respectivamente.

Durante o julgamento canônico, Lúcia, chamada a testemunhar sob juramento, deu aos juízes respostas precisas a todas as perguntas que lhe foram feitas, mas em relação a algumas ela se mostrou reticente. "Não posso responder sobre este assunto", disse ela com firmeza. "Faz parte de alguns segredos que Nossa Senhora me confiou e será ela quem me dirá quando revelá-los."

Os juízes, tendo obtido as informações necessárias para formular sua sentença, não fizeram mais investigações. Mas Dom José, que se sentia responsável perante a história, depois de ter emitido seu julgamento oficial sobre a confiabilidade e veracidade dos fatos, começou a pressionar a vidente para obter tudo o que pudesse sobre o que ela sabia, ainda que respeitando o tempo solicitado por Nossa Senhora.

Ele começou a fazer esses pedidos em 1935, e manteve a Irmã Lúcia sob pressão até 1941, obtendo quatro longos relatos, escritos de próprio punho, e que passaram à história como "Memórias".

Essas "Memórias" são uma fonte preciosíssima de informações. Lúcia as escreveu com toda a calma. Como ela mesma relata, consultando-se constantemente com Jesus, rezando diante do tabernáculo, e com Nossa Senhora, que, às vezes, aparecia para ela.

Dessas "Memórias" obtivemos um dado fascinante. Usando termos realistas, pode-se dizer que Nossa Senhora preparou meticulosamente a sua missão em Fátima. Um programa preciso e detalhado, levando em consideração as regras da psicologia e da pedagogia.

Ela havia escolhido três crianças como interlocutoras e colaboradoras de sua missão, seres inocentes, livres de preconceitos, naturalmente abertos a experiências sobrenaturais. E seu plano previa um contato gradual, de modo que os pequenos não fossem perturbados por acontecimentos que, por sua natureza, eram chocantes, perturbadores. A aparição inédita de uma figura bonita, cheia de luz, que se apresenta sobre os galhos de uma pequena árvore, fala e depois vai embora, subindo em direção ao céu, não é algo cotidiano. E Nossa Senhora, em seu plano, também levou isso em conta.

Portanto, ela queria preparar essas crianças com um treinamento meticuloso. E começou utilizando um mensageiro seu, um Anjo.

Não se sabe quantas aparições do Anjo precederam a intervenção direta de Nossa Senhora. Lúcia escreveu que foram várias. Mas não disse quantas e quando ocorreram. Ela afirmou que, por não frequentar uma escola, não sabia contar, não sabia distinguir os dias da semana e os meses do ano, portanto, não conseguia estabelecer a data exata em que esses fenômenos se deram.

Em um de seus escritos, ela disse:

> Pelo que posso mais ou menos calcular, parece-me que foi em 1915 ou 1916 que se deu a primeira aparição daquele que penso que fosse um Anjo, que não se atreveu, então, a manifestar-se completamente.

Em outro escrito, situou essa experiência no início de sua atividade como pastora, que na sua família iniciava-se por volta dos 7 anos. Tendo Lúcia nascido em 1907, a primeira dessas aparições deve, portanto, ter ocorrido no final de 1914. Mais de dois anos antes dos encontros com a Virgem Maria. Um período muito longo, que prova com quanta meticulosidade e prudência o céu quis conduzir a pequena vidente a essa experiência extraordinária.

Lúcia, em seu escrito, contou em detalhes o início de sua atividade como pastora. E, pelo que ela mesma escreveu, parece que já era uma menina com personalidade forte e independente, admirada por seus pares.

> Foi-me, portanto, confiada a custódia de nosso rebanho. A notícia de que estava começando minha vida como pastora se espalhou rapidamente entre os pastores e quase todos vieram oferecer-se para serem meus companheiros. A todos disse que sim e com todos combinei de subir a montanha. No dia seguinte, a montanha estava coberta de pastores e rebanhos. Parecia uma nuvem cobrindo-a.

Mas, em meio a tanto barulho, tanta confusão, tanta demonstração de estima e afeto, que faziam cócegas em sua vaidade, Lúcia não se sentia bem. E, então, ela decidiu fazer uma escolha, formar seu próprio grupo de amigos de confiança. Escreveu Lúcia em sua "Segunda memória":

> Mas eu não me sentia bem em meio a tanto barulho. Por isso, entre todos, escolhi três como meus companheiros e, sem dizer nada aos outros, combinei pastagens opostas. As escolhidas por mim foram: Teresa Matias, sua irmã Maria Rosa e Maria Justino.

Essas três meninas, das quais Lúcia nada mais disse em seus escritos, formaram a primeira equipe, escolhida pelos céus para as provas de contato com o sobrenatural.

> No dia seguinte, seguimos para um monte chamado Cabeço. Fomos em direção ao lado do monte que está voltado para o norte. Na encosta desse monte, em direção ao sul, fica o lugar chamado Valinhos... Subimos com nossos rebanhos, quase até o

topo do monte. Aos nossos pés encontra-se um vasto arvoredo, que se estende pelas planícies do vale: oliveiras, carvalhos, pinheiros, azinheiras etc.

Mais ou menos por volta do meio-dia, depois de comer nosso lanche, convido minhas companheiras a recitarem o rosário comigo, e elas aceitam com prazer. Tínhamos acabado de começar, quando diante dos nossos olhos vimos, como se estivesse suspensa no ar, acima das árvores, uma figura semelhante a uma estátua de neve, que os raios do Sol tornavam um pouco transparente.

"O que é isso?", perguntam minhas companheiras meio assustadas.

"Não sei!", respondi.

Continuamos nossa oração, sempre com os olhos fixos naquela figura, que, assim que terminamos, desapareceu. Como era meu costume, resolvi ficar calada; mas minhas companheiras, assim que chegaram em casa, contaram o fato a suas famílias. A notícia se espalhou.

Lúcia resolveu ficar calada, para guardar dentro de si aquela experiência misteriosa e avaliá-la, meditar sobre ela. Suas companheiras, ao contrário, imediatamente contaram tudo a todos. Talvez não tivessem uma sensibilidade espiritual capaz de perceber a "realidade oculta" daquela misteriosa aparição. Elas relataram o que havia acontecido de maneira leve, superficial. E as pessoas da vila riram. Lúcia, que tinha permanecido calada também perante a família, sofria com isso.

Sua mãe, ao ouvir os rumores que circulavam, interrogou a filha. Lúcia relatou o diálogo:

> "Ouvi dizer que você viu não sei o quê. O que você viu?".
>
> "Não sei!"
>
> E, como não conseguia explicar-me, acrescentei: "Parecia uma pessoa enrolada em um lençol". E, querendo dizer que eu não tinha distinguido claramente suas feições, disse: "Não se podia ver seus olhos nem suas mãos".
>
> Minha mãe concluiu com um gesto de desprezo, dizendo: "Bobagem de crianças!".

A mãe de Lúcia, a senhora Maria Rosa dos Santos, era muito religiosa, mas também muito rígida. Em Aljustrel era estimada por todos. Sua casa era uma espécie de "escola", onde várias mocinhas iam aprender a costurar e a bordar. Maria Rosa era também, para a população local, uma espécie de "enfermeira". Tinha conhecimentos médicos rudimentares e as pessoas recorriam a ela quando os médicos receitavam injeções. Era, em suma, uma pessoa estimada, tinha um papel a cumprir e certamente não queria que os vizinhos falassem sobre sua família e seus filhos.

Escreveu Lúcia na "Segunda memória":

> Depois de algum tempo, voltamos com nossos rebanhos para aquele lugar, e o mesmo fato se repetiu da mesma forma. Minhas companheiras contaram novamente o que havia acontecido. A mesma coisa ocorreu depois de algum tempo.
>
> Era a terceira vez que minha mãe ouvia falar desses fatos, sem que eu tivesse dito uma palavra em casa. Então, ela me chamou, não muito feliz, e perguntou: "Vamos lá: o que vocês andam dizendo que veem por aí?".
>
> "Eu não sei, mãe; não sei o que é."

> Várias pessoas começaram a nos insultar. E como eu, desde o dia da minha Primeira Comunhão, fiquei algum tempo como que absorta na lembrança do ocorrido, minhas irmãs, com um toque de desprezo, perguntaram-me: "Você está vendo alguém enrolado em um lençol?".
>
> Esses gestos e essas palavras de desdém me faziam sofrer muito, pois estava acostumada apenas a carinhos...

Esta primeira experiência de contato de Lúcia com o sobrenatural, em companhia de suas amigas, não terminou bem.

Talvez as amigas de Lúcia não se mostrassem adequadas nem abertas à experiência que deveriam ter. E Nossa Senhora, poderíamos dizer, mudou sua estratégia.

Enquanto isso, Francisco também havia completado 7 anos, idade prevista para sair com o rebanho. E começou a se juntar a Lúcia e aos outros pastorzinhos do grupo. Francisco também levava Jacinta consigo, que tinha apenas 6 anos. Lúcia era responsável pelos seus dois primos. E, estando com eles, teve a inspiração de deixar a companhia das outras garotas para pastorear com os primos.

As experiências de contatos com o Anjo recomeçaram imediatamente. E agora de forma mais clara e determinada. Como se o Anjo tivesse constatado que aquele trio era adequado para o que estava acontecendo e o que aconteceria dali em diante.

O primeiro encontro ocorreu em 1916. Talvez na primavera. As três crianças tinham levado seu rebanho para um lugar chamado Chousa Velha, onde havia campos de propriedade da família Santos. No meio da manhã, começou a chover e os pastorzinhos subiram mais alto. Então o Sol voltou. Lúcia lembrou em sua "Quarta memória":

> Comemos nosso lanche, recitamos nosso rosário e começamos a jogar seixos. Já estávamos jogando há alguns minutos, quando um forte vento balançou as árvores e nos fez erguer os olhos para ver o que estava acontecendo, pois o dia estava claro. Vimos então, acima do olival, a figura de que já falei caminhando em nossa direção.
>
> Jacinta e Francisco nunca a tinham visto nem eu nunca lhes tinha contado nada. Ao se aproximar, descobrimos suas feições: um jovem de 14 ou 15 anos, mais branco que a neve, que o Sol tornava transparente como se fosse de cristal, e de grande beleza. Chegando até nós, ele disse: "Não tenham medo! Eu sou o Anjo da Paz. Rezem comigo". E, ajoelhando-se no chão, inclinou a cabeça até tocar o chão e nos fez repetir três vezes estas palavras: "Meu Deus! Eu acredito, adoro, espero e o amo! Peço perdão por aqueles que não acreditam, não adoram, não têm esperança e não o amam". Então, levantando-se, disse: "Rezem assim: o Coração de Jesus e de Maria estão atentos à voz das vossas súplicas".

Foi a primeira aparição do Anjo aos três videntes e a primeira vez que o misterioso mensageiro falou. As circunstâncias mostravam que os três estavam prontos. Ou seja, eles tinham todas as características e a disposição para enfrentar as experiências dos misteriosos encontros com o sobrenatural.

O Anjo, além da tarefa de "treinar" os videntes aos poucos para coisas inexplicáveis, começou a instruí-los ensinando-lhes orações. E, a partir desse primeiro contato, recorreu nas suas comunicações àqueles temas que mais tarde se tornaram fundamentais para as aparições: a oração pelos pecadores e a devoção ao Coração de Jesus e de Maria.

E também nessa ocasião, como acontecerá depois das aparições de Nossa Senhora, as três crianças viveram uma experiência mística muito intensa:

> A atmosfera sobrenatural que nos envolvia era tão intensa que quase não tínhamos consciência de existir, por muito tempo, permanecendo na posição em que ele nos havia deixado, repetindo sempre a mesma oração. A presença de Deus foi tão intensa e íntima que não tivemos coragem de falar nem entre nós.

A segunda aparição do Anjo aconteceu no verão. Lúcia lembrava que eram dias "mais quentes" e que eles voltavam para casa com as ovelhas no meio da manhã, para evitar o calor, e "íamos passar as horas da sesta à sombra das árvores que cercam o poço", perto de casa.

O Anjo apareceu e os convidou a rezar novamente; em suas palavras, os temas fundamentais voltaram. O Anjo disse:

> O Coração de Jesus e o de Maria têm desígnios de misericórdia para com vocês. Constantemente ofereçam orações e sacrifícios ao Altíssimo.

Lúcia perguntou quais sacrifícios eles deveriam fazer, e o Anjo respondeu:

> Sacrifiquem-se em tudo que puderem. Ofereçam um sacrifício em ato de reparação pelos pecados com que ele foi ofendido e

> de súplica pela conversão dos pecadores. Acima de tudo, aceitem e suportem com submissão os sofrimentos que o Senhor lhes enviará.

Lúcia estabeleceu a terceira aparição do Anjo em setembro-outubro de 1916. Nessa ocasião, o Anjo estava segurando

> um cálice e sobre ele uma hóstia, da qual algumas gotas de sangue caíam no cálice. Deixando o cálice e a hóstia suspensos no ar, ele se prostrou no chão e repetiu a oração três vezes: "Santíssima Trindade, Pai, Filho e Espírito Santo, eu vos adoro profundamente e vos ofereço o preciosíssimo Corpo, Sangue, Alma e Divindade de Jesus Cristo presente em todos os tabernáculos da terra, em reparação pelos ultrajes, sacrilégios e indiferenças com os quais ele foi ofendido. E, pelos infinitos méritos do seu Santíssimo Coração e do Coração Imaculado de Maria, peço-vos a conversão dos pobres pecadores".

Lúcia, em seu escrito, observou que as aparições do Anjo causavam neles um terrível cansaço e uma exaustão que durava até dois, três dias. O que não acontecia com as aparições da Senhora.

> Não sei por que as aparições de Nossa Senhora produziam efeitos tão diferentes em nós. A mesma alegria íntima, a mesma paz e felicidade. Mas, em vez dessa fraqueza física, certa agilidade expansiva; em vez dessa aniquilação na presença divina, uma exultação de alegria; em vez daquela dificuldade de falar, certo entusiasmo comunicativo.

Essas experiências prepararam as crianças para as visões de Nossa Senhora. A tal ponto que, quando viram pela primeira vez a Bela Senhora, com os pés apoiados nas folhas da azinheira, não tiveram medo, não expressaram nenhum sentimento de temor.

A própria Lúcia, em seus escritos, quis esclarecer isso. Nas histórias que circulavam e também em alguns escritos, dizia-se que ela e seus primos ficaram com medo quando viram Nossa Senhora pela primeira vez. Essas afirmações não correspondiam à verdade e ela queria afirmar categoricamente. E o fez na sua "Quarta memória", enviada ao bispo de Leiria, Dom José Correia da Silva.

> Parece-me que já expliquei, no escrito sobre a Jacinta ou em alguma carta, que o nosso medo não era propriamente de Nossa Senhora, mas da tempestade que pensávamos estar chegando; e disso, do temporal, queríamos fugir. As aparições de Nossa Senhora não inspiram medo ou temor, mas sim surpresa. Quando me perguntavam se havia tido medo e eu dizia que sim, estava me referindo ao medo de relâmpagos e do temporal, que pensava estar perto; e era disso que queríamos fugir, pois estávamos acostumados a ver relâmpagos apenas quando trovejava. Os relâmpagos não eram realmente relâmpagos, mas sim o reflexo de uma luz que se aproximava. Era quando víamos essa luz que, às vezes, dizíamos que Nossa Senhora estava chegando, mas, na verdade, distinguíamos Nossa Senhora naquela luz apenas quando ela já estava sobre a azinheira. O fato de não sabermos explicar e querer evitar questionamentos fez com que às vezes disséssemos que a víamos chegar; outras vezes, não. Quando dizíamos que sim, que a víamos chegando, estávamos nos referindo àquela luz que se aproximava, que depois era ela. E, quando dissemos que não a víamos chegando, queríamos dizer que só a víamos quando ela já estava sobre a azinheira.

As três aparições do Anjo, ocorridas ao longo de cerca de um ano, serviram não só para "treinar" os pequenos videntes para a possibilidade de terem contato com o sobrenatural, mas para que aprendessem a rezar e, sobretudo, a "sofrer por amor". Para que entendessem que a oração mais elevada é o sofrimento suportado por amor a alguém.

Depois das lições recebidas do Anjo, as crianças começaram a enfrentar sacrifícios cada vez mais pesados. O Anjo havia lhes dito: "Acima de tudo, aceitem e suportem com submissão os sofrimentos que o Senhor lhes enviará". E elas levaram essas recomendações ao pé da letra. Repetiam essas palavras diante de todas as dificuldades. E estas foram se apresentando cada vez maiores, num crescendo torturante, mas as crianças nunca desistiram. A confiança delas no Anjo era absoluta.

As preocupações familiares também começaram. Principalmente na casa da família Santos. Duas das irmãs mais velhas de Lúcia casaram e se mudaram. O chefe da família, Antônio dos Santos, passava por um momento ruim, de depressão, e tentava esquecer as tristezas no vinho. Ele também talvez tenha cometido erros nos negócios, perdendo muito dinheiro e vários imóveis. Lúcia fez com que isso fosse entendido de maneira franca e áspera em seus escritos:

> Meu pai se deixara levar pelas más companhias e caíra nas amarras de uma triste paixão, causando a perda de parte de nossas terras.

Essa situação havia colocado a família em dificuldades financeiras. Maria Rosa teve que mandar suas outras duas filhas, Glória e Carolina, trabalharem fora de casa como empregadas domésticas. Apenas o irmão, que cuidava dos campos, permaneceu em casa.

> Nossa pobre mãe vivia imersa em uma profunda amargura e quando, à noite, nós três nos reuníamos junto à lareira, esperando papai para jantar, vendo os lugares de suas outras filhas vazios, dizia com profunda tristeza: "Meu Deus! Para onde foi a alegria desta casa!". E, abaixando a cabeça sobre uma pequena mesa ao seu lado, começava a chorar. Meu irmão e eu juntávamos nossas lágrimas às dela. Era uma das cenas mais tristes que já testemunhei. Sentia meu coração se partir de saudade de minhas irmãs e pela amarga tristeza de minha mãe. Embora eu ainda fosse criança, entendia perfeitamente a situação em que estávamos.
>
> Então me lembrava das palavras do Anjo: "Acima de tudo, aceitem e suportem com submissão os sofrimentos que o Senhor lhes enviará". Eu então me retirava para um lugar solitário, para não aumentar a dor de minha mãe com a minha.

Francisco e Jacinta não eram incomodados com dificuldades especiais. Mas a triste situação em que viam Lúcia também se refletia neles. Eles eram muito apegados a Lúcia e, vendo-a naquelas condições, sofriam com ela.

> Eu me escondia perto do nosso poço. Ali, de joelhos, curvada sobre a laje que o cobria, unia minhas lágrimas às suas águas e oferecia meu sofrimento a Deus.
>
> Às vezes, Jacinta e Francisco me achavam assim, cheia de amargura. E, como minha voz era cortada por soluços e eu não conseguia falar, eles sofriam comigo a ponto de também derramarem

> lágrimas abundantes. Então, Jacinta fazia nossa oferta em voz alta: "Meu Deus! Num ato de reparação e pela conversão dos pecadores, oferecemos a vós estes sofrimentos e sacrifícios".

A situação também afetou negativamente a senhora Maria Rosa, que, em virtude da situação do marido, passou a carregar todos os problemas da família. E a mãe de Lúcia ficou gravemente doente.

> Não podendo mais trabalhar, mandou minha irmã Glória voltar para cuidar dela e da casa. Elas então foram a todos os cirurgiões e médicos da região. Um número infinito de medicamentos foi consumido, sem obtenção de melhora.
>
> O bom pároco ofereceu-se para levar minha mãe a Leiria na sua carroça puxada por mulas, para que pudesse consultar os médicos. Ela foi acompanhada da minha irmã Teresa, mas voltou para casa meio morta de cansaço da viagem e exausta das visitas, sem ter obtido nenhum resultado.
>
> Por fim, um cirurgião que atendia em São Mamede foi chamado e declarou que minha mãe tinha uma lesão cardíaca, hérnia de disco e rins diminuídos. Ele a submeteu a um tratamento rigoroso com pontas de fogo e vários medicamentos, com os quais ela obteve alguma melhora.

Este era mais ou menos o triste quadro em que se encontravam os três pastorzinhos, na véspera do primeiro encontro com Nossa Senhora. Geralmente, esse período da vida deles é descrito, em muitas biografias e livros que tratam de Fátima, com tons bucólicos, de contos de fadas, onde tudo é inocente, sereno, envolto em uma aura mística. Na realidade, o mensageiro angélico preparou esses pequeninos para o encontro com a Mãe de Deus com severos sofrimentos. Porque, como Nossa Senhora lhes ensinaria mais tarde, o sofrimento, vivido por amor, é a mais alta de todas as orações possíveis, pois nos purifica e nos aproxima de Deus.

IV

"VOCÊ TEM QUE NEGAR TUDO"

Já contamos no primeiro capítulo como se deu a primeira aparição de Nossa Senhora em 13 de maio de 1917.

A Virgem Maria, naquele primeiro encontro, mesmo sabendo que os três pastorzinhos haviam passado alguns meses de grande sofrimento, não os consolou. Não fez nenhuma menção a suas dificuldades. Apenas os incentivou a continuar na missão de sofrer pela salvação dos pecadores.

Ela perguntou às crianças:

> "Querem se oferecer a Deus para suportar todos os sofrimentos que ele quer lhes enviar, num ato de reparação pelos pecados com que ele foi ofendido e de súplica pela conversão dos pecadores?".
>
> "Sim, nós queremos."
>
> "Então, vocês terão de sofrer muito, mas a graça de Deus será o seu conforto."

Nossa Senhora apresentou imediatamente o objetivo preciso da missão que estava empreendendo: oração e sofrimento para salvar o mundo.

Ela conhece o futuro. Sabe que a humanidade caminha para o abismo. Sabe que "o Mal" vai se espalhar de formas cada vez mais terríveis e que o antídoto, a salvação, só se encontra na imitação de Jesus. Ele morreu na cruz para salvar o mundo. Aqueles que o seguem devem imitá-lo.

A escola de Nossa Senhora de Fátima nada tem a ver com as doçuras terrenas. É uma escola que se envolve em batalhas extremas. Requer sacrifícios contínuos e até grandes. Sem dia de descanso. O caminho traçado pelo Anjo é confirmado, porque é o único caminho, aquele também proclamado por Jesus quando pregava pelas estradas da Galileia: "Entrai pela porta estreita! Pois larga é a porta e espaçoso o caminho que leva à perdição, e são muitos os que entram!" (Mt 7,13).

Os três pastorzinhos, perante a beleza celestial da Senhora que lhes aparecia, ficaram fascinados, encantados e aceitaram com entusiasmo suas palavras. Eles consentiram com o sofrimento, porque intuíam que era o caminho que levava ao esplendor deslumbrante da figura que tinham à frente deles. E admitiam não pensar em si próprios, no seu futuro bem-estar, e sim no dos "pecadores". O objetivo, disse Nossa Senhora, era "a conversão dos pecadores". Ela é a mãe desses "pecadores" e não quer perdê-los por nenhum motivo. As crianças, precisamente porque são crianças, com a intuição ainda em linha direta com o mundo sobrenatural, compreenderam, aceitaram e se comprometeram sem reservas.

Ao final da aparição, a felicidade que sentiam era tão intensa que eles temiam perdê-la. Por isso, ao trocarem impressões e emoções, decidiram não dizer nada a ninguém. Tudo tinha de ser mantido em segredo, em seus corações. Mostrar essa alegria celestial podia significar arruiná-la.

A misteriosa Senhora não havia dito nada sobre si mesma. À pergunta de Lúcia: "De onde a senhora é?", ela respondeu: "Eu sou do céu". E a conversa girou em torno dessa palavra: "céu". Lúcia perguntou se ela, Francisco e Jacinta também iriam para o céu, e se as suas amigas, falecidas recentemente, estavam no céu. Não fez nenhuma menção à identidade da Senhora.

Mas, depois da aparição, enquanto trocavam impressões, é claro que eles tiraram conclusões lógicas. Se aquela Senhora "vinha do céu", "pedia orações e sofrimentos pela conversão dos pecadores", quem poderia ser, senão Nossa Senhora? Eles tinham certeza disso.

Voltaram para casa com essa certeza no coração e com a decisão de manter isso em segredo. Mas a mais jovem das três, Jacinta, de apenas 6 anos, não conseguiu guardar esse segredo. Seu coração estava explodindo de alegria. Ela precisava contar para alguém.

Sua mãe, Olímpia, a quem confiava tudo, não estava em casa. Jacinta conseguiu calar-se diante dos irmãos, mas, quando a mãe chegou, atirou-se em seus braços e com os olhos cintilando de felicidade disse: "Mamãe, hoje vi Nossa Senhora na Cova da Iria".

A senhora Olímpia sorriu e acariciou afetuosamente a menina. No dia seguinte, conversando com os vizinhos, contou a história criativa que ouviu de sua filha. E o boato da aparição se espalhou pela vila.

Ninguém acreditava que aquela história tivesse um fundamento real: "Vejam só o que essas crianças traquinas inventaram!".

Mas o fato era intrigante, tocava valores muito elevados para os habitantes do lugar, despertava curiosidade e mesmo escárnio e críticas: "Não se brinca com temas tão importantes".

Mas também houve quem se perguntasse: "E se for verdade? Lúcia, Francisco e Jacinta pertencem a famílias exemplares. Nunca contaram mentiras".

Os três pequeninos viraram, assim, assunto das conversas. E de maneira ruim. Como nunca havia acontecido com nenhuma das crianças da vila. Amigos, parentes, conhecidos, todos perguntavam, questionavam e riam. A situação de sofrimento, constrangimento, amargura, desconforto continuava. Aliás, ficava cada vez mais grave. Antes da aparição de Nossa Senhora, era um sofrimento que ocorria principalmente dentro de casa. Agora eles se deparavam com o sorriso irônico na rua, nos rostos de todos os vizinhos.

E essa compaixão unânime teve um reflexo muito amargo no contexto da família.

Em particular na de Lúcia. Maria Rosa dos Santos, já muito abalada pela situação do marido, pelas dificuldades econômicas e pela própria saúde, viveu aquela história de Lúcia, que se tornou objeto de mexerico por toda a vila, com uma dor profunda e sombria. "Essa menina nos fez virar assunto na região", queixou-se ao marido. "Nunca pensei que teria uma filha mentirosa."

Ela também foi confidenciar-se com o pároco, que, pensando nas fantasias inocentes das crianças, para acalmar a ansiedade de Rosa, disse-lhe: "Não exagerem... Pensem: se o que Lúcia diz fosse verdade, seria uma bênção para vocês...".

Maria Rosa não gostou da ironia bem-humorada do reverendo. Ficou ainda mais zangada. E foi-se embora resmungando: "Vou ensinar minha filha que não se deve contar mentiras".

Ao chegar a casa, deu uma lição em Lúcia com o cabo de vassoura, como se fazia então.

Nos dias que se seguiram, como a tagarelice do povo continuava, resolveu pôr fim àquela história obrigando a filha a declarar publicamente que inventara tudo. Chamou Lúcia, que estava para sair com o rebanho, e lhe disse: "Esta tarde, quando voltar, você irá à casa de todos aqueles a quem enganou para pedir perdão e confessar que é uma mentirosa".

Lucia chorava. Só a intervenção do senhor Antônio dos Santos, que, devido à depressão, se tornara muito sensível e acreditava na sinceridade da sua filha, foi capaz de conter a ira de Maria Rosa.

Os dias se passavam lentamente, tristes e cada vez mais confusos para os três pastorzinhos. O dia 13 de junho, data do segundo encontro com a misteriosa Senhora, aproximava-se inexoravelmente.

Felizmente, nesse dia em Fátima festejava-se Santo Antônio, e a ocasião envolvia a todos na região. Era a festa mais importante de Fátima, celebrada com solenidade pela Igreja, mas também pelos costumes do local. Havia três grandes festas populares em Portugal: Santo Antônio, em 13 de junho, São João Batista, em 24 de junho, e São Pedro, em 29 de junho. Na noite da véspera dessas festas, em todas as vilas e cidades, principalmente na zona rural, as pessoas acendiam fogueiras nas praças, em torno das quais dançavam até tarde da noite. E o costume era profundamente enraizado, especialmente nos arredores de Fátima.

Lúcia, recordando o 13 de junho de 1917 em uma das suas "Memórias", deixou-se levar pelas confidências, como raramente fazia nos seus escritos, e traçou um quadro pormenorizado do estado de espírito com que enfrentava aquele segundo encontro com Nossa Senhora. É um documento de extraordinária importância. Fotografa amargamente a realidade banal do que acontecia na vida cotidiana, enquanto a Mãe de Deus estava prestes a descer do céu à terra para trazer mensagens divinas. Com palavras simples, mas muito eficazes, Lúcia revelou como era grande a dor que sentia no coração pela atitude hostil da mãe e das irmãs. Uma dor que ofuscava a alegria do novo encontro com Nossa Senhora.

> No dia 13 de junho, celebrava-se em nossa paróquia a festa de Santo Antônio. Era costume, naquele dia, deixar o rebanho sair de manhã cedo; e, às nove, ele era fechado no redil para irmos à festa.
>
> Minha mãe e minhas irmãs, que sabiam o quanto eu gostava da festa, diziam-me: "Quero só ver se você vai faltar à festa para ir à Cova da Iria, falar com aquela Senhora!".
>
> Naquele dia, ninguém me disse uma palavra, comportando-se comigo como quem diz: "Espere... vamos ver o que ela vai fazer!".
>
> Então deixei meu rebanho sair ao alvorecer, bem cedo, com a ideia de fechá-lo no redil às nove, ir à missa às dez e, depois, à Cova da Iria.
>
> Mas eis que, logo depois do nascer do Sol, meu irmão veio me chamar: que eu voltasse para casa, porque várias pessoas queriam

falar comigo. Então ele ficou com o rebanho e fui ver o que queriam de mim.

Havia algumas mulheres e alguns homens, que vinham dos lados de Minde, da zona de Tomar, Carrascos, Boleiros etc., e que queriam ir comigo até a Cova da Iria. Disse que ainda era cedo e convidei-os a irem comigo à missa às oito. Depois iria para casa.

Aquela boa gente me esperou no nosso quintal, à sombra das figueiras. Minha mãe e minhas irmãs mantiveram a atitude de desprezo, que realmente me magoava mais e que me doía tanto quanto os insultos. Por volta das onze, saí de casa, passei pela casa dos meus tios, onde Jacinta e Francisco me esperavam, e caminhamos em direção à Cova da Iria, à espera do momento tão almejado.

Todas aquelas pessoas nos seguiam fazendo mil perguntas.

Naquele dia, eu estava muito triste. Via minha mãe preocupada, querendo a todo custo me obrigar, como ela dizia, a confessar minha mentira. Eu bem que queria agradá-la, mas não sabia como fazer isso sem mentir. Ela havia incutido nos filhos, desde o berço, um grande horror à mentira e castigava severamente quem dissesse alguma.

Dizia: "Sempre consegui fazer meus filhos falarem a verdade; e, agora, tenho de deixar passar uma coisa assim à mais nova? Se fosse uma coisa menos importante...; mas uma mentira desse tipo, que engana tanta gente!...".

Após essas reclamações, ela se voltou para mim: "Escolha! Ou conta a verdade para essas pessoas, confessando que mentiu, ou tranco você em um quarto, de onde não vai conseguir ver nem a luz do Sol".

> A tantas tristezas, realmente só faltava acrescentar algo assim! Minhas irmãs ficaram do lado da mãe, e ao meu redor havia uma atmosfera de verdadeiro desdém e desprezo.
>
> Recordava-me do passado e me perguntava: "Onde está a ternura que, ainda recentemente, minha família tinha por mim?". E minha única saída eram as lágrimas, derramadas diante de Deus, enquanto eu lhe oferecia meu sacrifício...

No dia 13 de junho de 1917, em Fátima, mais ninguém pensava na história das aparições. Mas os três pastorzinhos, embora cheios de dúvidas e hesitações, não resistiram ao apelo das emoções sentidas um mês antes. Por volta das 11 horas, partiram em direção à Cova da Iria, acompanhados por algumas pessoas. Ali, outras pessoas esperavam. Cerca de 50.

Lúcia escreveu:

> Depois de rezar o rosário, com Jacinta e Francisco e as outras pessoas presentes, voltamos a ver o reflexo da luz que se aproximava (a que chamávamos relâmpago) e imediatamente a seguir a Nossa Senhora na azinheira, tudo como em maio.
>
> "O que a senhora quer de mim?", perguntei.
>
> "Quero que vocês venham aqui no dia 13 do próximo mês, que rezem o rosário todos os dias e que aprendam a ler. Depois vou dizer-lhes o que eu quero."
>
> Pedi a cura de um enfermo.
>
> "Se ele se converter, ficará curado em um ano."

Nossa Senhora continuou a falar com Lúcia. Assim como no encontro do mês anterior, Jacinta ouvia tudo. Francisco ouvia apenas as palavras de Lúcia. A conversa durou cerca de

10 minutos. Ao final, as três crianças foram assaltadas pelos presentes com pedidos de explicações. Lúcia relatou apenas a primeira parte da conversa e acrescentou: "Nossa Senhora nos confiou um segredo para o bem de nós três". A palavra "segredo" acendeu as fantasias dos presentes, que não paravam de pedir explicações. Mas Lúcia não quis revelá-lo.

Mais tarde, nos seus escritos, Lúcia explicou o que a Virgem havia dito. Na realidade, os segredos eram dois: um dizia respeito à vida dos três videntes; o outro, intimamente ligado ao primeiro como consequência necessária, tinha a ver com um novo projeto de Nossa Senhora para a salvação das almas, que pretendia realizar com a ajuda de Lúcia: "A devoção ao meu Imaculado Coração".

E, sobre essa segunda parte, Nossa Senhora deixou claro que, naquele momento, nada havia para ser dito. Mas os videntes, treinados pelo que acontecera nos meses anteriores, resolveram guardar tudo em segredo, até mesmo a primeira parte que lhes dizia respeito. Lúcia escreveu:

> Queríamos referir-nos a isso quando dissemos que Nossa Senhora nos revelou um segredo no mês de junho. Dessa vez, ela não nos disse realmente que nos calássemos, mas sentíamos que era isso que o Senhor queria que fizéssemos.

Lúcia que, como vimos, tinha ido ao encontro do dia 13 de junho com o coração angustiado pela situação familiar em que vivia, a certa altura da conversa fez a Nossa Senhora como que um pedido de socorro: "Gostaria de pedir que levasse nós três para o céu".

Ela queria acabar com todos os problemas que a primeira aparição havia causado. Queria encontrar a paz, a serenidade, a sua vida simples e alegre de criança, e, para conseguir isso, estava disposta até a morrer, deixar este mundo e ir para o céu.

Em seus escritos, Lúcia era sempre muito concisa. Raramente se deixava levar por considerações, confidências pessoais. Nesse caso, não disse se Nossa Senhora, ao ouvir seu pedido, sorriu com benevolência, mostrando que compreendia o quanto doía o seu coração de menina, mas se limitou a referir-se às palavras exatas da Virgem, que continham uma resposta a esse pedido, com o acréscimo de um novo projeto que a Virgem pretendia realizar no futuro.

> "Sim", respondeu Nossa Senhora. "Em breve, levarei Jacinta e Francisco para o céu, mas você ainda ficará aqui por algum tempo. Jesus quer usá-la para me tornar conhecida e amada. Ele quer estabelecer a devoção ao meu Imaculado Coração no mundo. Aos que a aceitarem, prometo a salvação e que essas almas serão amadas por Deus, como flores colocadas por mim em homenagem ao seu trono."

Lúcia não comentou essas revelações. Eram sobre a vida dos dois priminhos e a sua também, mas não parecia interessada. E ela também não parecia interessada na segunda parte da resposta de Nossa Senhora, que dizia respeito a um desejo de Jesus, uma nova devoção por sua Mãe: a prática da devoção ao Imaculado Coração de Maria. Lúcia estava completamente ocupada com seus próprios problemas. Apavorava-se ao saber que "em breve" ia perder os dois primos, porque eram as únicas pessoas a quem confiava suas dores. Nem mesmo sua mãe a compreendia mais. E perguntou desconsolada: "Então tenho de ficar aqui sozinha?".

A Virgem deve ter realmente sorrido dessa vez. A menina estava tão empenhada em sua própria dor, que não entendia a magnitude do novo projeto. Mas a Virgem Maria não insistiu no projeto, ela também se preocupava com a criança e a consolava com palavras doces, transbordantes de grande amor maternal. A Virgem dizia que entendia que ela estivesse sofrendo e lhe garantiu que estaria sempre perto dela e a manteria protegida em seu coração:

> "Não, filhinha. Você sofre muito... Não desanime! Eu nunca vou abandonar você. Meu Imaculado Coração será o seu refúgio e o caminho que a conduzirá a Deus".

Em seus escritos de 1941, Lúcia concluiu a narrativa desse segundo encontro com Nossa Senhora referindo-se à mesma extraordinária experiência mística que experimentou em 13 de maio.

> Foi ao pronunciar estas últimas palavras que abriu as mãos e, pela segunda vez, comunicou-nos o reflexo daquela luz imensa, na qual nos víamos imersos em Deus. Jacinta e Francisco pareciam estar naquela parte de luz que subia para o céu, eu naquela que se espalhava pela terra. Diante da palma da mão direita de Nossa Senhora, havia um coração coroado de espinhos que pareciam presos. Compreendemos que era o Coração Imaculado de Maria, ultrajado pelos pecados da humanidade, que queria reparação.

Como as pessoas presentes naquela segunda aparição contaram mais tarde, enquanto Nossa Senhora se afastava no céu, todos ouviram um forte ruído; alguns o compararam à explosão de um foguete; outros, a um rugido subterrâneo, que vinha das raízes da azinheira em que a Virgem Maria pousara. E todos viram uma nuvem branca subindo para o céu, partindo justamente daquela pequena azinheira. Os videntes seguiram a figura de Nossa Senhora, que rapidamente se ergueu, sob uma luz muito forte, que parecia cortar o céu. Lúcia gritou: "Se vocês querem vê-la, ali está ela... ali...". Apontava com o dedo para onde a Virgem estava se dirigindo, e sua indicação combinava perfeitamente com o ponto onde todos os presentes viam a nuvem branca que se havia destacado alguns momentos antes da azinheira e se erguia no céu azul.

Posteriormente, durante o julgamento canônico sobre a veracidade das aparições, algumas pessoas presentes na aparição de 13 de junho afirmaram, sob juramento, que observaram que os ramos da pequena azinheira em que repousaram os pés da Virgem permaneceram visivelmente dobrados, como se houvesse algo pesado sobre eles por algum tempo.

V

E SE FOR SATANÁS?

No início da tarde do dia 13 de junho, Lúcia, Francisco e Jacinta regressaram ao vilarejo de Aljustrel, acompanhados pelas pessoas que haviam testemunhado a aparição na Cova da Iria.

Eles estavam radiantes. O encontro com Nossa Senhora e, sobretudo, a experiência mística que haviam vivido quando a Virgem, antes de partir, os envolvera naquela misteriosa luz celestial, como acontecera também no primeiro encontro, cancelou todos os sofrimentos, as tristezas, os conflitos, os contratempos vividos durante o mês. Eles estavam novamente felizes, revigorados, como em 13 de maio. Certamente não pensavam que maiores provações os aguardavam. A fumaça de Satanás estava minando aquele evento celestial.

As pessoas que haviam acompanhado os videntes à Cova da Iria também estavam exultantes. O fenômeno testemunhado as havia encantado. Elas continuaram fazendo perguntas ao longo do caminho. Queriam saber todos os detalhes do que a misteriosa aparição havia dito e que não tinham ouvido. Ficaram comovidas com as palavras de Lúcia.

Quando chegaram a Fátima, contaram a todos o que tinham visto e vivenciado. Relataram, comovidas, que haviam assistido à conversa de Lúcia com Nossa Senhora, bem ao lado da azinheira em que a Virgem Maria descansava os pés. E alguém também afirmou ter observado que as folhas da pequena azinheira estavam dobradas no ponto onde presumivelmente estavam os pés dela. Todos estavam certos, muito certos, de que ocorrera um acontecimento portentoso na Cova da Iria.

Fátima estava em festa. Todos os habitantes viviam a efeméride mais importante do ano. As manifestações haviam começado na noite anterior. Pela manhã, houve solenes celebrações religiosas na igreja paroquial, e à tarde, depois do almoço especial realizado nas famílias, começou a festa, com cantos, música e danças. Acima de tudo a dança, diversão que era característica e praticada por todos em Fátima.

À população local juntou-se a das vilas periféricas e também a das localidades vizinhas, porque a festa de Santo Antônio, em Fátima, desfrutava de especial popularidade havia décadas.

Lúcia, Francisco e Jacinta encontraram os amigos e uniram-se às comemorações. As pessoas que os acompanhavam fizeram o mesmo. Mas estas, ao encontrar parentes, amigos e conhecidos, não faziam nada além de contar o que haviam vivido. Estavam encantadas, enfeitiçadas pela experiência que tiveram, e não conseguiam ficar quietas.

Ao anoitecer, toda a população estava a par de todos os pormenores do que se passara também naquele dia na Cova da Iria. O assunto da aparição de Nossa Senhora estava na boca de todos. Há um mês se falava sobre isso em tom de brincadeira, acreditando-se que fosse uma invenção da imaginação das crianças. Na Cova da Iria, no dia 13 de maio, estavam apenas Lúcia, Francisco e Jacinta com as suas ovelhas. O que as três crianças relataram não encontrou crédito na vila. Mas, naquele dia 13 de junho, na Cova da Iria havia algumas dezenas de adultos que viram, ouviram, conferiram, tiveram uma experiência chocante, referindo uma profunda impressão de autenticidade que agora transmitiam.

Aqueles que ouviam eram forçados a se questionar, a mudar o julgamento negativo inicial sobre a história das crianças. Essa história agora tinha uma confirmação indiscutível. E, como o evento estava entre os mais extraordinários que se poderia imaginar, a mente e a consciência daquelas pessoas foram visivelmente afetadas.

No dia 14 de junho, em Aljustrel e em Fátima, a vida retomou o seu curso normal. Mas, na realidade, havia ocorrido uma mudança radical naquele pequeno centro de Portugal e tudo mudou na vila. Exceto na casa da família Santos. A mãe de Lúcia, a senhora Maria Rosa, era agora talvez a única pessoa de Fátima que continuava totalmente cética em relação aos acontecimentos da Cova da Iria.

Aliás, diante do entusiasmo das pessoas que assistiram à aparição de 13 de junho e que declaravam não haver dúvidas sobre a realidade daquele fenômeno, Maria Rosa sentiu crescer dentro de si uma aversão irrefreável. A "certeza" de que Lúcia havia inventado tudo estava ainda mais enraizada em sua mente. E essa convicção causava-lhe uma dor enorme. Porque agora Lúcia, sua pequena Lúcia, que era tão amada pela família, havia se tornado uma mentirosa.

Maria Rosa estava se remoendo para tentar encontrar uma explicação para o fato de que, agora, havia tantas pessoas na vila que acreditavam no ocorrido. Pessoas que testemunharam a aparição e estavam convencidas de que tudo era verdade. Em determinado momento, em sua mente, ela teve uma intuição: Satanás, o Maligno. Só o espírito do Mal podia estar na origem daquele acontecimento que encantava uma vila inteira. Lúcia havia se tornado uma vítima do demônio: fora enfeitiçada, possuída, caíra nas tramas de Satanás, e agora também influenciava muitas outras pessoas.

"Minha avó era uma mulher muito religiosa. E, como todos os cristãos da época, acreditava na presença e na força do demônio", contou-me o Padre José Valinho, religioso salesiano, neto de Maria Rosa dos Santos por parte de mãe. "Ela havia criado seus filhos ensinando-os acima de tudo a serem honestos. Não admitia que eles pudessem contar mentiras e, por isso, ouvindo Lúcia dizer coisas tão incríveis, não se sentia em paz."

Conheci o Padre Valinho em 1999, durante uma viagem a Fátima. Ele foi, para mim, um guia inestimável. Levou-me em visita à Cova da Iria, aos lugares das aparições, às casas dos videntes, aos locais onde levavam o rebanho para pastar, e em todos os lugares ele se detinha para contar histórias, sempre começando com uma frase de extremo valor: "Minha tia, que é a irmã Lúcia, disse-me que aqui aconteceu...".

Irmã Lúcia vivia desde 1948 em Coimbra, cidade a cerca de sessenta quilômetros de Fátima. Ela era freira no mosteiro carmelita daquela cidade. Vivia em reclusão absoluta. Ninguém podia ter contato com ela sem uma permissão especial do Vaticano. Mas, como ela estava muito idosa e também doente, há alguns anos o Vaticano passou a permitir que recebesse visitas de seu sobrinho religioso. Padre José Valinho ia visitá-la algumas vezes por mês e conversavam, relembrando fatos importantes da sua vida e obtendo confidências preciosíssimas sobre as aparições.

Padre Valinho era uma mina de informações, de fatos inéditos, absolutamente verídicos porque ouvira as histórias diretamente de sua famosa tia. Conversando com ele, tinha-se a impressão de ouvir Irmã Lúcia falar. Enquanto falava, a frase "Minha tia me disse..." era um refrão constante. Ninguém mais do que ele conhecia a fundo a vidente e também toda a sua família, na qual havia crescido e com a qual era muito apegado.

> Lúcia era a última dos seis filhos da minha avó e, por isso, era a queridinha da família. Minha mãe, Maria, era a primogênita. Depois vieram Teresa, Manuel, Glória e Carolina. E, quando Carolina tinha 5 anos, nasceu Lúcia. Minha mãe já tinha 14 anos e foi uma segunda mãe para Lúcia. Contava-me que aquela menina era o xodó da família. Os outros irmãos costumavam brigar porque todos queriam segurá-la. Era expansiva. Tinha sempre um grande desejo de manifestar "fisicamente" seus sentimentos de afeto. Por isso, ao voltar para casa, depois de brincar ou cuidar do rebanho, ela se jogava no pescoço de sua mãe e lhe cobria de carinho. Ela a beijava e abraçava, o que incomodava as outras irmãs, que a chamavam de "a queridinha da mamãe". Vovó tinha um fraco por ela. Sempre a defendia. Ficava orgulhosa de como a menina estava crescendo. Segundo ela, era a melhor entre as irmãs. Mas então, quando as aparições começaram,

sentiu como se estivesse sendo traída. Não podia acreditar que Nossa Senhora tivesse aparecido a uma de suas filhas.

Ela tinha um conceito humilde de si mesma. Sentia-se totalmente indigna de um privilégio daquele tipo. E esse sentimento, muito forte nela, a levou a considerar como impensável a possibilidade de que algo do gênero pudesse acontecer.

A ocorrência das aparições foi um drama terrível para minha avó. Perturbou profundamente sua existência. Frequentemente ela repetia, desconsolada: "Justo a mim acontece uma desgraça desse tipo". E nunca foi capaz, durante todo o tempo de sua existência, de se convencer de que tudo era verdade.

Minha mãe dizia que a vovó estava disposta a fechar os olhos a tudo, mas não à sinceridade. Contar uma mentira era a pior coisa para ela. Portanto, a história de Lúcia literalmente a tirou de si.

Segundo ela, Lúcia não só mentia, o que já era muito grave, mas também enganava as pessoas sobre fatos relacionados à religião, e isso era inconcebível. Ela costumava repetir: "Ter uma filha mentirosa é o pior dos males".

O vovô, por outro lado, era mais doce, mais compreensivo. Tia Lúcia me disse que, às vezes, quando começava uma discussão familiar, seu pai a pegava e a levava para os campos perto da casa. Ele a abraçava com força, sem dizer nada, para fazê-la entender que a amava. Talvez também não acreditasse nas aparições, mas seu comportamento era mais parecido com o dos pais de Francisco e Jacinta, que eram mais tolerantes com os filhos.

Depois da segunda aparição, o julgamento do povo de Fátima em relação aos três videntes mudou, graças, sobretudo, aos testemunhos dos vários adultos que assistiram à aparição. E na vila não se fazia nada além de falar sobre o assunto. Por isso, o pároco sentiu-se obrigado a investigar para ter uma ideia clara sobre os fatos. Mandou dizer às famílias Marto e Santos que gostaria de questionar as crianças.

Manuel Marto, que defendia os filhos com unhas e dentes, foi imediatamente ao pároco para saber do que se tratava. "Meus filhos são pequenos", disse ele resolutamente, "não quero que sejam intimidados ou perturbados com interrogatórios".

O pároco explicou que só queria entender do que se tratava. Já que se falava de visões, de aparições, era seu dever tentar compreender. Manuel Marto tranquilizou-se e disse que, no dia seguinte, acompanharia pessoalmente as duas crianças à paróquia.

> Minha avó, por outro lado, acolheu com grande alegria a convocação do pároco. Ela estava convencida de que ele, com sua autoridade, seria capaz de persuadir sua filha a confessar que havia inventado tudo.
>
> "Amanhã vamos à missa de manhã cedinho", disse a Lúcia. "Depois, você vai se encontrar com o pároco. Espero que ele a obrigue a confessar a verdade."
>
> Lúcia me confidenciou que sentiu muito medo naquela manhã. Até porque as irmãs, inclusive minha mãe, ficavam repetindo que o pároco a repreenderia severamente. Toda a família esperava que o reverendo conseguisse convencê-la a confessar que contara apenas mentiras, de modo que aquilo tudo finalmente terminasse.
>
> No dia seguinte, minha avó acompanhou Lúcia à igreja. Ao longo do caminho, ela não disse uma palavra. Depois da missa, mãe e filha foram até o padre. Ao dar os primeiros passos, vovó virou-se e disse para Lúcia: "Agora você tem que confessar ao pároco

que mentiu, para que ele possa dizer, na missa de domingo, que essa história das aparições é tudo fruto de mentiras. Você não tem vergonha de enganar as pessoas? Todos correndo para a Cova da Iria para rezar diante de uma árvore. Impressionante!".

Francisco e Jacinta também estavam na casa paroquial. O pároco interrogou primeiro Jacinta, que, pensando no quanto havia feito Lúcia sofrer com as suas confidências, não disse uma palavra. Ela manteve o olhar voltado para baixo, muda como um peixe. Francisco fez a mesma cena. Lúcia, por outro lado, falou aquilo que podia, confirmando sem hesitar que já tinha visto a Bela Senhora duas vezes e que prometera voltar à Cova da Iria todo dia 13 de cada mês, até outubro.

O pároco, como Lúcia me confirmou, foi gentil e compreensivo. Mas no fim, ao falar com os pais das crianças, revelou suas perplexidades. Ele disse que, pelo que podia entender, não havia nada de sobrenatural. "Não é possível que Nossa Senhora venha do céu à terra apenas para recomendar que se reze o rosário todos os dias", disse. "É uma prática que quase todas as nossas famílias já realizam. E depois, em geral, como se pode deduzir da história de todas as aparições, Nosso Senhor ou Nossa Senhora dizem às almas às quais se manifestam que relatem tudo ao seu pároco, ou ao confessor. Neste caso, as crianças se recusam a falar comigo. Temo que seja engano do diabo", sentenciou com solenidade. E, após um longo silêncio, acrescentou: "Não seria a primeira vez. Satanás se aproveita de tudo para criar confusão. Ele também toma posse do corpo dos santos, aproxima-se do altar e até comunga para trazer confusão e mentiras às almas. No entanto, não devemos fazer julgamentos precipitados. Temos que esperar para ver o que acontece com o tempo".

A menção do pároco ao diabo despertou a suspeita que vovó já tinha em mente. Essas palavras combinavam com suas convicções: Lúcia era vítima do Maligno. E sua dor, sua apreensão aumentaram terrivelmente.

As palavras do pároco também impressionaram muito Lúcia. Ela também começou a suspeitar que fosse vítima do diabo. E agora essa suspeita se tornava um pesadelo. Em 1937, vinte anos depois, em um de seus escritos autobiográficos, Irmã Lúcia relembrou aquele período de dúvidas:

> Passei, então, a duvidar, pensando que as aparições eram realmente obra do demônio. E, como eu tinha ouvido falar que o diabo sempre traz guerra e desordem, comecei a pensar que, realmente, desde que vi aquelas coisas, não houve mais alegria ou bem-estar em nossa casa. Que angústia eu sentia!
>
> Expressei minha dúvida aos primos. Jacinta respondeu: "Ela não é o demônio, não! Dizem que o diabo é muito feio e que está embaixo da terra, no inferno; em vez disso, aquela Senhora é linda, e nós a vimos subir ao céu!".
>
> Deus usou essas palavras simples para dissipar um pouco minha dúvida. Mas, durante aquele mês, perdi o entusiasmo pela prática do sacrifício e da mortificação, e fiquei em dúvida se decidia dizer que havia mentido, para acabar de vez com aquilo.
>
> Jacinta e Francisco me diziam: "Não faça isso! Você não vê que aí sim vai mentir, e que mentir é pecado?".
>
> Encontrando-me nesse estado, tive um sonho que aumentou ainda mais as trevas do meu espírito: vi o demônio que, rindo, por ter me enganado, tentava me arrastar para o inferno. Vendo-me em suas garras, comecei a invocar Nossa Senhora, gritando

de tal maneira que acordei minha mãe, que me chamou, preocupada, perguntando o que eu tinha. Não me lembro do que respondi. Só lembro que naquela noite não consegui mais dormir, paralisada de medo.

Esse sonho nublou meu espírito de verdadeiro medo e angústia. Meu único alívio era ficar sozinha, em algum cantinho solitário, para chorar livremente. Passei a evitar até a companhia dos meus primos e, por isso, comecei a me esconder deles também. Pobres crianças! Às vezes, eles me procuravam, gritando meu nome, e eu estava ali perto deles, sem responder, outras vezes, estava escondida em algum canto onde eles não pensavam em verificar.

Minha mãe achava que eu estava brincando com as crianças da vila o tempo todo que passava escondida num matagal que ficava na fazenda de um vizinho e que fazia divisa com a nossa. Quando voltava para casa ao anoitecer, ela me repreendia, dizendo: "Aqui está a santinha do pau oco! Quando não está pastoreando as ovelhas, está brincando; e, assim, ninguém a encontra!".

A incredulidade da mãe era fonte de grande dor para Lúcia. Qualquer referência às aparições provocava sempre uma reação enraivecida. Lúcia amava profundamente sua mãe e aquela hostilidade intransigente, que ela constantemente expressava, contrastava fortemente com a alma boa e amorosa que sempre demonstrara ter.

Nas suas "Memórias", Lúcia recordou muitas das frases contundentes com que a mãe expressava o seu desprezo pelos acontecimentos da Cova da Iria, e essa constante recordação demonstrava a tremenda dor que sentia toda vez.

Um dia, um homem disse a Maria Rosa que na vila havia descrentes fanáticos que queriam matar sua filha. E Lúcia relatou com precisão a resposta rude de sua mãe:

> Ah! Não quero nem saber; basta que a obriguem a confessar a verdade! Eu, sim, sempre direi a verdade, seja contra meus filhos, seja contra qualquer pessoa, até mesmo contra mim mesma.

Depois de uma das últimas aparições, que levou dezenas de milhares de pessoas à Cova da Iria, os campos da família Santos ficaram devastados. Daquele dia em diante, Maria Rosa não parava de repetir para a filha, usando o tom amargo de sempre: "Olha só o que você fez! Agora, quando você quiser comer, vá pedir àquela Senhora".

> A vovó também sofria, porque "não conseguia" acreditar, explicou-me Padre Valinho. Ela amava muito a sua pequena Lúcia. Educara-a para ser transparente como a água. Lúcia nunca mentira para ela sobre nada. Nem mesmo a menor das mentiras. Mas agora, acreditar num acontecimento tão grandioso, parecia trair sua própria fé. E vovó estava pronta a morrer por sua fé!
>
> Há um episódio emblemático que, em determinado momento, fez vacilar a descrença pétrea de vovó. Minha mãe sempre me falava sobre isso.
>
> Uma noite, antes de voltar da Cova da Iria para casa, Jacinta aproximou-se da azinheira e arrancou um dos ramos em que os pés da Senhora tinham pousado. Apertou-o com carinho ao coração e partiu para Aljustrel. Passou em frente à casa de Lúcia. Minha avó, Maria Rosa, estava no quintal com minha mãe, que

já era casada e tinha uma filha, e algumas outras pessoas. Jacinta parou na rua e disse: "Tia, estou voltando da Cova da Iria".

Minha avó respondeu: "Ah, Jacinta, mas quando vão parar de contar tantas mentiras. Você, Lúcia e Francisco são incorrigíveis. Vocês vão para o inferno".

"Mas nós vimos Nossa Senhora", insistiu Jacinta. "Ela ficou de pé bem neste galho", e mostrou a ela o ramo de azinheira que havia arrancado.

"Deixe-me ver", disse Maria Rosa.

Jacinta deu o galho a ela e minha avó o cheirou. Sentiu um perfume intenso e suavíssimo. "Que cheiro é esse?", perguntou ela. Não era perfume de rosas, cravos ou de qualquer outra flor que ela conhecia. Continuou cheirando, intrigada. Não conseguia entender. "Deixe-nos sentir também", disse minha mãe, e também ela o cheirou. Em seguida, passou o galho para os outros presentes e todos sentiram aquele suavíssimo perfume, sem conseguir identificar do que era. Uma discussão se iniciou. No fim, a minha avó disse à Jacinta: "Deixe este galho aqui e vamos ver se alguém descobre que tipo de perfume é".

Vovó ficou muito impressionada com esse fato. A essa altura, havia muitos detalhes daquela história que ela não conseguia explicar. Estava começando a acreditar que havia algo de verdadeiro. Mas tinha medo de ser enganada. "Se houvesse pelo menos outra pessoa que visse, além das três crianças", repetia desconsolada.

Jacinta voltou para casa deixando o graveto para minha avó. Mas, à noite, retornou para pegá-lo de volta. Ela queria mostrar para seu pai também. E tio Marto disse que também ele, naquela noite, sentiu um intenso perfume que emanava daquelas folhas de azinheira.

Outro episódio que abalou as crenças de Maria Rosa em relação às aparições de Nossa Senhora, e que quase a levou a convencer-se de que aquela história era realmente verdadeira, aconteceu em 1920. Lúcia contou em sua "Segunda memória":

> O Senhor deve ter ficado feliz em me ver sofrer, pois agora me preparava um cálice muito mais amargo, que logo me faria beber. Minha mãe adoeceu gravemente, a ponto de um dia pensarmos que ela estava em agonia. As crianças reuniram-se, então, ao redor da sua cama, para receber sua bênção final e beijar sua mão moribunda. Sendo a mais nova, fui a última.
>
> A pobre mamãe, ao me ver, animou-se um pouco, abraçou-me e, suspirando, exclamou:
>
> "Minha pobre filha! Como você vai ficar sem a mamãe? Morro com o coração trespassado, pensando em você".
>
> Explodindo em soluços dolorosos, apertava-me cada vez mais forte.
>
> Minha irmã, a mais velha, arrancou-me de seus braços à força e, levando-me à cozinha, proibiu-me de voltar ao quarto da doente e concluiu, dizendo: "A mamãe está morrendo de dor pelos desprazeres que você lhe deu".
>
> Ajoelhei-me, apoiei a cabeça em um banquinho e, com uma amargura profunda como ainda não havia sentido, ofereci meu sacrifício ao bom Deus.
>
> Poucos minutos depois, minhas duas irmãs mais velhas, percebendo que o caso era desesperador, vieram até mim e disseram: "Lúcia, se é verdade que você viu Nossa Senhora, vá agora para a Cova da Iria, peça a ela que cure a mamãe. Prometa a ela o que quiser, e nós o faremos; e, então, vamos acreditar".

Sem perder um minuto, pus-me a caminho. Para não ser vista, tomei vários atalhos pelos campos, rezando o rosário até chegar lá. Fiz minha súplica a Nossa Senhora, desabafei minha dor derramando lágrimas abundantes e voltei para casa, consolada pela esperança de que minha querida Mãe Celestial daria saúde à minha mãe terrena. Quando entrei em casa, minha mãe já estava melhor; três dias depois, ela já conseguia fazer todo o serviço doméstico.

Tinha prometido a Santíssima Virgem que, se ela me concedesse o que eu lhe pedia, eu iria lá por nove dias consecutivos, com minhas irmãs, para rezar o rosário e fazer de joelhos o caminho do alto da estrada até a azinheira e, no último dia, levaríamos nove crianças pobres e daríamos de comer a todas. Fomos, então, cumprir a promessa, acompanhadas de nossa mãe, que disse: "Que coisa! Nossa Senhora me curou, mas ainda não consigo acreditar! Não entendo nada!".

Mas, no fim, disse-me Padre Valinho um dia, até minha avó Maria Rosa conseguiu esclarecer aquele conflito interior que a impedia de acreditar que a sua pequena Lúcia pudesse ter visto Nossa Senhora. Minha mãe me disse que, já idosa, minha avó ocasionalmente ia até o Santuário, construído no local das aparições, e fazia uma pausa para rezar junto à azinheira que se tornara uma grande e frondosa árvore.

VI

O DIA DA LUZ

Em relação às aparições de Nossa Senhora em Fátima, o dia 13 de julho de 1917, terceiro encontro da "Bela Senhora" com os três pastorzinhos, poderia ser chamado de "o dia da luz".

"Luz" porque o esplendor celestial que emanou de Nossa Senhora, envolvendo Lúcia como um abraço de amor, dissipou definitivamente as trevas da tristeza e das dúvidas que atormentavam a mente e o coração da vidente há um mês. "Luz" porque, nessa aparição, Nossa Senhora acendeu poderosos holofotes sobre a história futura do mundo, sobre a batalha cada vez mais dramática entre o Bem e o Mal que se desenvolveria com o passar do tempo, sobre as enormes tragédias que se seguiriam, com guerras, extermínios em massa, destruição de nações inteiras, perseguições ideológicas e sobre os possíveis caminhos de salvação.

Acendeu os holofotes para os três pequenos videntes, que ficaram aturdidos de horror e medo, mas porque tinham que saber para que se tornassem testemunhas daquelas predições proféticas e colaborassem com Nossa Senhora na tentativa de mitigar as consequências.

Como vimos no capítulo anterior, Lúcia estava passando por um terrível tormento espiritual havia semanas, e se apresentou no encontro de 13 de julho com uma dúvida atroz sobre a Bela Senhora: ela temia que fosse o diabo.

Lúcia escreveu na "Quarta memória":

> O dia 13 de julho se aproximava e eu estava em dúvida se deveria ir até lá ou não. Pensei: se a Bela Senhora é o demônio, por que devo ir vê-lo? Se me perguntarem por que não quero ir, digo que tenho medo que seja o diabo que nos aparece e, por isso, não vou.

Em julho daquele ano, a notícia das aparições em Fátima já se havia espalhado por Portugal. Os testemunhos das 50 pessoas que haviam assistido à aparição de 13 de junho foram decisivos para dar crédito à história dos pequenos videntes. Na noite de 12 de julho, muitos estranhos já circulavam por Fátima e Aljustrel, vindos de fora para assistir ao evento do dia seguinte. Várias pessoas foram à casa de Lúcia tentar falar com ela. A menina se assustou e foi se esconder.

Quando começou a escurecer, foi à casa dos primos Francisco e Jacinta e contou-lhes a decisão tomada:

> "Amanhã não irei à Cova da Iria".
>
> Francisco e Jacinta olharam para ela perplexos. Jacinta disse:
>
> "Nós vamos. A Senhora nos disse para irmos". E começou a chorar.
>
> "Por que você não quer ir?", perguntou Francisco a Lúcia.
>
> "Não, eu não vou", respondeu Lúcia. E acrescentou: "Se a Senhora perguntar por mim, digam que não fui porque tenho medo que seja o diabo".

Em suas “Memórias”, Lúcia não disse como passou aquela noite. Mas, certamente, foi uma noite insone. Seu coração estava agitado há algum tempo. Desde a primeira aparição, em 13 de maio, havia acontecido de tudo em sua vida. Sua existência tranquila de criança feliz fora abalada e submetida a provas prejudiciais até mesmo para um adulto. Muitos zombavam dela por causa daquela história. Sua mãe a acusava de ser mentirosa. O pároco quis interrogá-la, levantando a dúvida de que ela havia caído em um engano diabólico.

O mal-estar que sentia dentro de si em meio a esse turbilhão de acontecimentos havia prevalecido: agora, também ela suspeitava de que tudo fosse fruto do engano diabólico imaginado pelo pároco, e decidira não ir à Cova da Iria.

> Mas, pela manhã, as coisas mudaram repentinamente.
>
> No dia seguinte, à medida que se aproximava a hora da partida, de repente me senti impelida a ir, por uma força estranha, à qual não era fácil resistir.
>
> Então me pus a caminho e passei pela casa dos tios para ver se Jacinta ainda estava lá. Encontrei-a no quartinho, com seu irmãozinho Francisco, ajoelhada aos pés da cama, chorando.
>
> “Então vocês não foram?”, perguntei.
>
> “Sem você não temos coragem. Vamos, vamos!”
>
> “Já estou indo”, respondi.
>
> Então, com os rostos agora alegres, eles foram comigo.

O espetáculo que se apresentava aos olhos deles ao longo do caminho era incrível. Algo nunca visto naquele lugar. Gente por toda parte. Jovens, velhos, famílias inteiras, vindos de todos os cantos de Portugal. E, quando se depararam com o vale da Cova da Iria, pararam, com medo: em vez dos campos verdes cultivados com tanto amor pelos camponeses, havia uma massa de gente, como nas praças das cidades em dias de grande festa.

As crônicas da época relatam que naquele local, em 13 de julho de 1917, reuniram-se entre 4 e 5 mil pessoas.

A aparição ocorreu como de costume. Ao chegar diante da azinheira em que Nossa Senhora havia pousado nos meses anteriores, ajoelharam-se e Lúcia entoou o rosário. A multidão respondia com devoção. O céu estava claro. Ao meio-dia, os relâmpagos de sempre e a repentina interrupção das orações de Lúcia. A menina olhava extasiada para a azinheira. O mesmo Francisco e Jacinta fizeram. A multidão percebeu que a misteriosa Senhora havia chegado.

Um silêncio absoluto reinava sobre todas aquelas pessoas. De repente, ouviu-se a vozinha de Jacinta dizendo: "Vamos, Lúcia, fale, não vê que a Senhora já está aqui e quer falar com você?".

Lúcia tremeu. Naqueles instantes de indecisão, ela talvez estivesse pensando na futilidade de suas dúvidas.

Em sua "Quarta memória", também relatou esse terceiro encontro com Nossa Senhora. E, como já tinha feito com as anteriores, evitando o máximo possível, por medo – como escreveu –, acrescentar coisas sugeridas por sua imaginação ou relatar incorretamente as palavras pronunciadas por Nossa Senhora.

> Poucos minutos depois de termos chegado à Cova da Iria, perto da azinheira, entre a grande multidão, enquanto recitávamos o rosário, vimos o reflexo costumeiro da luz e logo a seguir Nossa Senhora sobre a azinheira.

"O que a senhora quer de mim?", perguntei.

"Quero que venha aqui no dia 13 do próximo mês, que continue a rezar o rosário todos os dias em honra de Nossa Senhora do Rosário, para obter a paz mundial e o fim da guerra, porque só ela poderá ajudar-lhes."

"Gostaria de pedir-lhe que nos dissesse quem é; que fizesse um milagre para que todos acreditem que a Senhora aparece para nós."

"Continue vindo aqui todo mês. Em outubro, direi quem sou, o que quero e farei um milagre que todos poderão ver para crer."

Nesse ponto fez alguns pedidos, dos quais não me lembro bem. O que me lembro é que Nossa Senhora disse que era necessário recitar o rosário para obter graças durante o ano. E continuou:

"Sacrifiquem-se pelos pecadores e digam muitas vezes, especialmente cada vez que fizerem algum sacrifício: 'Ó Jesus, por vosso amor, pela conversão dos pecadores e em reparação pelos pecados cometidos contra o Imaculado Coração de Maria'".

A conversa continuou um pouco mais. A multidão estava em absoluto silêncio. Todos ouviam as perguntas que Lúcia fazia, e prendiam a respiração nas pausas, sabendo que naqueles momentos era Nossa Senhora que falava.

Em determinado momento, um grito de dor escapou dos lábios de Lúcia. Era como se a menina tivesse visto algo terrível e tivesse se assustado. Houve um sussurro de perplexidade na multidão e, então, o silêncio tornou-se ainda mais gélido. Todos os olhares estavam voltados para os três pastorzinhos. Os que estavam mais próximos dos videntes puderam ver que o rosto das três crianças estava pálido e seus olhos revelavam pavor.

Aquela cena durou poucos instantes, mas parecia não ter fim, de tão carregada de tensão. E, quando Lúcia disse que a Senhora tinha ido embora, muitos se aglomeraram ao redor dos videntes. A multidão pressionava, queria saber por que Lúcia havia soltado aquele grito de dor. As crianças foram cercadas por alguns homens que as defendiam. Marto, o pai de Jacinta, colocou a menina nos ombros e conseguiu passar e levá-la em segurança.

Lúcia estava prisioneira da multidão. As perguntas sobre aquele grito eram prementes e preocupadas. Lúcia olhava para as pessoas que estavam sobre ela, mas não respondia. A certa altura disse: "É segredo".

A palavra "segredo" aumentou ainda mais a curiosidade. As perguntas se duplicaram, sobrepondo-se insistentemente. Todos queriam saber que tipo de segredo. E, finalmente, Lúcia acrescentou: "É um segredo, e a Senhora disse que não devemos revelá-lo a ninguém".

Afastando-se da Cova da Iria, as pessoas interrogavam-se sobre o misterioso segredo de que Lúcia não queria falar. A curiosidade foi aumentando gradativamente. O "segredo" tornou-se o tema principal de todos os interessados nas aparições. Várias opiniões circulavam. Como sempre, espalharam-se e inventaram-se alegadas indiscrições que contribuíram para aumentar a curiosidade. Lúcia e os outros dois videntes continuaram a ser interrogados, inclusive pelas autoridades civis e religiosas, por policiais, mas nunca revelaram nada.

Entre a multidão que partia da Cova da Iria naquela tarde de 13 de julho de 1917, falava-se também de outros detalhes estranhos e misteriosos.

Todos afirmavam haver percebido uma nuvem branca descer do céu e pousar sobre a azinheira e, também, ter notado, naquele momento e durante todo o tempo da aparição, uma diminuição perceptível da luz solar. Os mais próximos da azinheira disseram que viram que os ramos frondosos da pequena árvore tinham se abaixado, como se alguém os estivesse pisando.

Mesmo esses detalhes, que circulavam de boca em boca, levantavam dúvidas. Mas a maior curiosidade dizia respeito ao segredo.

Lúcia voltou para casa exausta pela tensão, mas feliz. Quando a Senhora apareceu na azinheira, ela se sentiu envolvida por uma energia divina, uma grande alegria íntima, e imediatamente compreendeu que não havia engano diabólico que ela devesse temer, a não ser aquele que o Maligno havia tentado colocar em sua mente.

VII

O GRANDE SEGREDO

Durante a terceira aparição de 13 de julho de 1917, Nossa Senhora, como vimos, confidenciou aos três pastorzinhos um "segredo" dizendo: "Não digam isso a ninguém. Podem contar a Francisco". Como sabemos, Francisco via Nossa Senhora, mas não ouvia sua voz.

O segredo tornou-se então, com o passar do tempo, objeto de interesse da imprensa. Sobre o assunto foram escritos milhares de artigos que despertaram curiosidade em todo o mundo. Tornou-se o "grande segredo" do século XX. Em todo lugar levantavam-se hipóteses, comentários, discussões, foram inventadas possíveis soluções. E a curiosidade aumentava.

Lúcia o revelou por etapas, indicadas como "primeira parte", "segunda parte" e "terceira parte" do "Segredo de Fátima". As duas primeiras foram publicadas em 1942.

Pela leitura desses textos, foi possível perceber que Nossa Senhora, em 1917, havia previsto acontecimentos e tragédias, que mais tarde se tornariam realidade, com uma impressionante precisão. E o mistério do que aquela terceira parte desconhecida do segredo poderia conter tornou-se um pesadelo. Pesadelo que durou até o ano 2000, quando finalmente foi revelada a terceira parte do "grande mistério".

De 1942 a 2000, circularam boatos com notícias catastróficas, que chegaram a levantar a hipótese do fim do mundo causado pelas armas nucleares. E, na terceira parte, porém, não havia nada disso. Mas a curiosidade, o medo, o desejo de sensacionalismo continuaram a persistir e a produzir artigos, hipóteses, discussões, polêmicas.

O grande segredo de Fátima envolveu gerações de crentes. E também de não crentes. À medida que as indicações proféticas feitas por Nossa Senhora em 1917 e reveladas pela Irmã Lúcia foram se concretizando, muitos não crentes, especialmente estudiosos e observadores de acontecimentos históricos, embora maravilhados e incrédulos, foram ficando interessados e atraídos.

As hierarquias eclesiásticas também foram envolvidas. O grande segredo continha acontecimentos que diziam respeito à Igreja, desde simples crentes até padres, bispos, cardeais e mesmo papas.

E uma vez que o segredo, como mencionado, foi revelado por etapas, a espera pelas partes ainda desconhecidas despertava constantes expectativas, sobre as quais se desencadeavam a fantasia e até mesmo especulações catastróficas.

Ainda hoje, depois que a terceira parte do segredo foi oficialmente revelada no ano 2000, com documentos esclarecedores e interpretativos assinados pelas mais altas autoridades do Vaticano, o segredo continua a ser discutido.

Para muitos estudiosos do assunto, o segredo ainda não foi totalmente revelado. E, entre esses estudiosos, existem intelectuais católicos famosos. Seus escritos apresentam argumentos indiscutíveis, que nos levam a crer que realmente têm razão. O segredo, portanto, ainda paira sobre a história do mundo.

O que Nossa Senhora disse em Fátima, em 13 de julho de 1917, sabemos através dos escritos da Irmã Lúcia.

Durante vinte e quatro anos, Lúcia nunca quis revelar o que Nossa Senhora lhe dissera. Ela o fez em 1941, na sua "Terceira memória".

Em 1937, o bispo de Leiria tinha começado a preparar um arquivo documentado sobre a história de Fátima, para transmitir à posteridade certas informações sobre o ocorrido.

Dom José Alves Correia da Silva havia sido nomeado bispo de Leiria por Bento XV em 1920. Quando foi encarregado da diocese de Leiria, tinha 48 anos. Nascera em São Pedro Fins, freguesia do condado de Maia, em 1872. Era sacerdote há vinte e seis anos. Exercera o seu ministério no Porto, durante o período mais intenso da revolução de 1910, sob a opressão da Maçonaria. Um padre sem méritos notáveis, mas um homem de fé e prudência.

Assim que chegou à sua diocese de Leiria, percebeu imediatamente a importância do que havia ocorrido em Fátima. E dizia a si mesmo: "Se as aparições são confiáveis, dizem respeito não só a Fátima, a Portugal, mas a todo o mundo. Nossa Senhora é mãe de todos os seres vivos, e essa iniciativa dela em Portugal, as palavras que pronunciou aos videntes são patrimônio da história do mundo".

Imediatamente começou a se interessar pela história. Já em 1919, deu início a um processo canônico oficial para estabelecer a "veracidade e confiabilidade das aparições". O processo foi concluído em 1930 com a proclamação solene de que a Igreja considerava as aparições dignas de fé e de culto.

Em 1921, por feliz intuição, o bispo comprou o terreno da Cova da Iria, onde já se iniciavam especulações imobiliárias. Ele prescreveu a delimitação da área, criando uma esplanada de 125 mil metros quadrados, sobre a qual depois determinou a construção de uma grande basílica.

Concluídas estas iniciativas, urgentes para dar uma orientação espiritual segura aos peregrinos que cresciam cada vez mais, resolveu dedicar-se à "memória histórica". Ou seja, decidiu recolher todos os documentos seguros possíveis sobre o ocorrido na Cova da Iria, para poder entregar à posteridade um "dossiê" completo e inatacável.

No que dizia respeito às aparições, havia apenas uma fonte segura: Irmã Lúcia, a única sobrevivente dos três videntes.

O bispo sabia como a Irmã Lúcia era reservada e ciosa daquelas suas lembranças. Ela guardava tudo em seu coração. Os interrogatórios a que foi submetida durante as investigações canônicas a fecharam ainda mais em si mesma. Mesmo diante dos juízes inquisidores, sob juramento de contar toda a verdade, ela se mostrara sempre sofrida. As perguntas dos juízes eram deliberadamente frias, insidiosas, destinadas a apurar a verdade. E Lúcia, adolescente, sentia-se violada em sua intimidade mais profunda e dava respostas sintéticas, essenciais, mas desprovidas de emoção.

Aquelas experiências permaneciam gravadas a fogo em seu coração e em sua alma, e estava convencida de que nunca conseguiria transmitir com palavras o que havia sentido e o que realmente lembrava.

O bispo sabia, portanto, que era quase impossível obter de Lúcia mais do que ela já havia relatado nos vários interrogatórios. Mas ele não se resignou. Pretendia ter um relato preciso da vidente, distanciado no tempo, portanto meditado e livre, não mais "extorquido" pela pressão de uma investigação judicial. E, acima de tudo, esperava poder finalmente conhecer o famoso segredo.

A primeira ocasião favorável que se apresentou ao bispo para pedir a Lúcia que escrevesse com calma tudo de que se lembrava sobre as aparições foi em setembro de 1935.

Dom José Alves Correia da Silva já havia começado a recolher testemunhos para o processo de beatificação de Jacinta e Francisco, falecidos respectivamente em 1919 e 1920.

Francisco fora sepultado no cemitério de Fátima. Jacinta, falecida no hospital de Vila Nova de Ourém, fora sepultada no túmulo da família de um rico senhor, o Barão de Alvaiázere, naquela vila.

Em setembro de 1935, Dom José Alves Correia da Silva decidiu trazer o corpo de Jacinta de volta para Fátima. Nessa ocasião, o caixão foi aberto para verificar o estado do corpo e descobriu-se que o rosto de Jacinta, única parte do corpo que saía da roupa, estava intacto. Foram feitas fotografias para documentação e o bispo enviou uma cópia para Irmã Lúcia.

Ao ver sua querida prima, Lúcia ficou profundamente comovida. Enviou ao bispo uma carta de agradecimento:

> Nem sei dizer o quanto apreciei a foto de Jacinta. Queria tirar a roupa que a cobre, para vê-la por inteiro. Fiquei até um pouco impaciente, tentando descobrir o rosto de seu cadáver, sem perceber que era uma fotografia e não seu rosto real. Fiquei fora de mim de alegria ao rever a amiga mais querida da minha infância... Ela era uma menina apenas em idade. De resto, soube praticar a virtude e demonstrar seu amor a Deus e a Santíssima Virgem por meio do sacrifício...

Palavras que revelam claramente a forte emoção de Lúcia e o amor que sentia pela priminha.

A essa altura, já havia sido publicada uma primeira biografia de Jacinta. Um livro intitulado *Jacinta,* escrito pelo Cônego José Galamba de Oliveira, também trazia a história das aparições. A obra fez muito sucesso com o público e estava esgotada. O cônego estava trabalhando em uma segunda edição e as memórias de Lúcia seriam inestimáveis. E o bispo aproveitou a situação. Ele pediu a Lúcia que escrevesse todas as lembranças que tinha da sua prima. E Lúcia aceitou.

No Natal daquele ano, Lúcia encerrou seu relato, que passou para a história como a "Primeira memória de Irmã Lúcia". Um longo relato, constituído por cerca de 10 mil palavras inteiramente dedicadas à memória de Jacinta.

Dom José Alves Correia da Silva ficou muito feliz com aquele documento, mas decepcionou-se porque não havia quase nada sobre as aparições. E nenhuma menção ao famoso segredo.

Em 1937, voltou ao ataque. Enviou uma carta a Lúcia na qual lhe pedia que escrevesse a história de sua própria vida e das aparições. Lúcia obedeceu e, em 21 de novembro, enviou seu novo testemunho ao bispo. É uma história ainda mais interessante e fascinante. Com sua simplicidade e franqueza, Irmã Lúcia falou de si mesma, como o bispo lhe havia pedido. Mas também nesse documento ela o fez com relutância. Tinha medo de se exibir:

> Gostaria de saber qual o propósito deste escrito composto por mim, que nem mesmo uma simples caligrafia sou capaz de fazer corretamente. Mas não pergunto nada. Eu sei que a obediência perfeita não pede razões. As palavras de Vossa Excelência Reverendíssima são suficientes para me assegurar que tudo é para a glória da Santíssima Mãe do Céu.

No entanto, ainda nesse documento, não havia nenhuma nova revelação sobre as aparições de Nossa Senhora e muito menos qualquer menção ao famoso segredo.

O bispo voltou a insistir pela terceira vez em 1941. A segunda edição do livro *Jacinta* estava esgotada. O Cônego José Galamba de Oliveira preparava uma terceira edição, a ser publicada em 1942, por ocasião do 35º aniversário das aparições.

Dom José Alves Correia da Silva desta vez "mandou" Lúcia escrever tudo de que ainda se lembrava sobre Jacinta e as aparições, material que serviria para a terceira edição da biografia de Jacinta.

Lúcia não podia mais se eximir. O bispo ordenava e ela tinha de obedecer. Ela se deixou guiar por seus instintos. Como escreveu mais tarde, naquela ocasião teve a inspiração de estender sua narrativa, incorporando também os segredos das aparições. No final de seu trabalho, porém, estava muito indecisa. Escreveu ao seu pai espiritual, o Padre José Bernardo Gonçalves, jesuíta:

> Sua Excelência o bispo escreveu pedindo-me que relembrasse tudo o que se relaciona com Jacinta, para uma nova edição do livro que pretendem fazer. Essa ordem penetra fundo em minha alma como um raio de luz, dizendo-me que era chegada a hora de revelar as duas primeiras partes do segredo e acrescentar dois capítulos à nova edição: um sobre o inferno, outro sobre o Coração Imaculado de Maria. Mas a repugnância em revelá-lo me faz duvidar. Já fiz as anotações, mas não sei se as entrego ou queimo. Não sei o que vou fazer.

Padre Gonçalves a encorajou a seguir a inspiração que havia tido. Lúcia o ouviu, e enviou seu relato ao bispo, que é indicado como a "Terceira memória de Irmã Lúcia".

O escrito começava com estas palavras:

> Excelentíssimo e Reverendíssimo Senhor Bispo. Em obediência à ordem que me dá na carta de 26 de julho de 1941, de pensar e anotar qualquer outra coisa de que me lembrasse de Jacinta, pensei e pareceu-me que era Deus quem me falava por aquela ordem, que era chegado o momento de responder a duas questões, que várias vezes me foram feitas, e cuja resposta sempre adiei. Parece-me que seria agradável a Deus e ao Coração

> Imaculado de Maria que no livro fosse dedicado um capítulo sobre o inferno e outro sobre o Coração Imaculado de Maria. Vossa Excelência Reverendíssima certamente achará esta minha opinião estranha e inadequada, mas, na verdade, não é minha; e Deus mostrará a Vossa Excelência Reverendíssima que se trata de sua glória e do bem das almas.

Lúcia já havia revelado algo sobre o segredo em 1940. Seu diretor espiritual, Padre Gonçalves, a quem ela provavelmente pediu conselhos em confissão, sugeriu que escrevesse ao papa, e ela o fez em 2 de dezembro de 1940. Não se sabe exatamente o que escreveu e se recebeu uma resposta de Pio XII. No entanto, a decisão de revelar o texto do segredo havia amadurecido:

> Acho que posso dizer, porque já tenho permissão do céu. Os representantes de Deus na terra também me autorizaram, várias vezes e em várias cartas.

No seu relatório ao Bispo Dom José Alves Correia da Silva, Lúcia afirma: "O segredo é composto por três coisas distintas, duas das quais estou prestes a revelar". Assim, na sua "Terceira memória", ela relatou duas das três partes do grande segredo. E consistem em uma "visão" e na explicação que Nossa Senhora dá para a visão.

A visão é sobre o inferno. No capítulo anterior, ao contar como havia começado a terceira aparição, relatei que, em determinado momento, a multidão ouviu Lúcia dar um grito de medo. E foi nesse momento que Nossa Senhora fez as três crianças verem o inferno.

Lúcia escreveu em sua "Memória":

> Nossa Senhora abriu novamente as mãos, como nos dois meses precedentes. Parecia que o reflexo havia penetrado na terra e o vimos como um grande mar de fogo, que parecia estar debaixo da terra. Imersos naquele fogo, os demônios e almas, como se fossem brasas transparentes e negras ou de bronze com forma humana, que flutuavam no fogo, levadas pelas chamas que saíam delas com nuvens de fumaça, caindo de todas as partes, semelhantes ao cair das faíscas nos grandes incêndios, sem peso nem equilíbrio, entre gritos e gemidos de dor e desespero que causavam horror e faziam tremer de medo. Os demônios eram reconhecíveis pelas formas horríveis e repulsivas de animais assustadores e desconhecidos, mas transparentes e negros.
>
> Essa visão durou um momento. Graças a nossa boa Mãe do Céu, que, antes, nos havia prevenido com a promessa de nos levar para o céu (na primeira aparição), caso contrário, acho que teríamos morrido de susto e terror.

Nossa Senhora interveio imediatamente, acrescentando uma série de informações sobre eventos criminosos que a malícia humana havia produzido ao longo do século XX e que eram verdadeiramente dignos do inferno. Mas Nossa Senhora também anunciou o caminho seguro que poderia evitar essas tragédias e salvar muitos criminosos do fogo infernal.

> Viram o inferno, para onde vão as almas dos pobres pecadores. Para salvá-las, Deus quer estabelecer no mundo a devoção a meu Imaculado Coração. Se fizerem o que eu disser, salvar-se-ão muitas

almas e terão paz. A guerra vai acabar, mas, se não deixarem de ofender a Deus, no reinado de Pio XI começará outra pior. Quando virem uma noite, iluminada por uma luz desconhecida, saibam que é o grande sinal que Deus lhes dá de que vai punir o mundo de seus crimes, por meio da guerra, da fome e de perseguições à Igreja e ao Santo Padre. Para impedi-la virei pedir a consagração da Rússia a meu Imaculado Coração e a comunhão reparadora nos primeiros sábados. Se atenderem a meus pedidos, a Rússia se converterá e terão paz; se não, ela espalhará seus erros pelo mundo, promovendo guerras e perseguições à Igreja, os bons serão martirizados, o Santo Padre terá muito que sofrer, várias nações serão aniquiladas. Por fim, o meu Imaculado Coração triunfará. O Santo Padre consagrar-me-á à Rússia, que se converterá e será concedido ao mundo algum tempo de paz.

A terceira parte do grande segredo permaneceu desconhecida até o ano 2000.

Não se sabe por que Lúcia não a revelou na sua "Quarta memória", em 1941, juntamente com as outras duas, já que estava ligada a elas, sobretudo à segunda.

O bispo, pensando em seu projeto histórico de transmitir à posteridade, queria ter acesso a tudo que estivesse relacionado a Fátima e, em particular, tinha curiosidade em conhecer e estar em posse do texto exato do famoso segredo.

Fortalecido pelo fato de ter conseguido obter as duas primeiras partes do segredo em 1941, ele continuou a insistir com Lúcia. Diretamente, com cartas, e por meio de seus mensageiros. Mas Lúcia não se decidia. E então, ainda que com tato e delicadeza, recorreu à imposição: ordenou a Lúcia que escrevesse a parte do segredo que faltava. E ela, depois de refletir, e talvez até de ter obtido uma opinião explícita de Nossa Senhora, obedeceu ao seu bispo.

Como a primeira parte do segredo, a terceira também não continha palavras da Virgem. Consistia apenas em uma visão. Eis o texto escrito pela Irmã Lúcia em 3 de janeiro de 1944 e entregue ao bispo de Leiria. Em 1957, foi levado ao Vaticano e somente em 2000 tornou-se público, a pedido de João Paulo II:

> Escrevo em ato de obediência a vós, Deus meu, que mo mandais por meio de sua Excelência Reverendíssima, o Senhor Bispo de Leiria, e da vossa e minha Santíssima Mãe.
>
> Depois das duas partes que já expus, vimos ao lado esquerdo de Nossa Senhora, um pouco mais alto, um Anjo com uma espada de fogo na mão esquerda; ao cintilar, lançava chamas que pareciam incendiar o mundo; mas se apagavam em contato com o brilho que da mão direita expedia Nossa Senhora ao seu encontro: O Anjo, apontando com a mão direita para a terra, com voz forte disse: "Penitência, penitência, penitência!". E vimos numa luz imensa, que é Deus: "algo semelhante a como se veem as pessoas num espelho, quando lhe passam por diante", um bispo vestido de branco, "tivemos o pressentimento de que era o Santo Padre". Vários outros bispos, sacerdotes, religiosos e religiosas subiram uma íngrime montanha, no cimo da qual estava uma grande cruz de troncos toscos, como se fosse de sobreiro com a casca; o Santo Padre, antes de chegar aí, atravessou uma grande cidade meio em ruínas, e meio trêmulo, com andar vacilante, acabrunhado de dor e pena, ia orando pelas almas dos cadáveres

que encontrava pelo caminho; ao chegar ao cimo do monte, prostrado de joelhos ao pé da grande cruz, foi morto por um grupo de soldados que lhe dispararam vários tiros e setas, e assim mesmo foram morrendo uns depois dos outros os bispos, sacerdotes, religiosos e religiosas e várias pessoas seculares, cavalheiros e senhoras de várias classes e posições. Sob os dois braços da cruz estavam dois anjos, cada um com um regador de cristal na mão, e neles recolhiam o sangue dos mártires e com ele regavam as almas que se aproximavam de Deus.

VIII

AS DUAS FACES DO INFERNO

Concluímos o capítulo anterior relatando precisamente os textos das três partes do grande segredo de Fátima.

A primeira das duas partes é o relato de Lúcia sobre o que Nossa Senhora mostrou aos videntes durante a terceira aparição. Trata-se da visão do inferno, o lugar para onde vão as pessoas que rejeitam a Deus e seus ensinamentos para seguir Satanás. A descrição, simples e contundente, que Lúcia faz do que vê está em perfeita sintonia com a essência da ideia de inferno, segundo o ensinamento da Igreja.

Para os católicos, a existência do inferno é um dogma de fé.

Lemos no *Catecismo da Igreja Católica*, publicado depois do Concílio Vaticano II, no parágrafo 1035:

> A doutrina da Igreja afirma a existência do inferno e a sua eternidade. As almas dos que morrem em estado de pecado mortal descem imediatamente, após a morte, aos infernos, onde sofrem as penas do inferno, "o fogo eterno". A principal pena do inferno consiste na separação eterna de Deus, o único em quem o homem pode ter a vida e a felicidade para que foi criado e a que aspira.

Ao longo dos séculos, houve pensadores, incluindo católicos, que contestaram essas afirmações. Essas correntes de pensamento se fortaleceram especialmente no século passado.

Mesmo antes do Concílio Vaticano II, vários teólogos começaram a levantar dúvidas sobre a personalidade de Satanás e a existência do inferno.

Em 1962, quando o Concílio começou, a confusão nesse campo teológico era grande. Esperavam-se esclarecimentos precisos por parte de muitos padres conciliares, mas eles não chegaram. Por fim, nos documentos conciliares o nome do diabo aparece apenas em dezoito passagens, todas muito breves. E a formulação dessas passagens teve uma gestação muito trabalhosa. Por causa deles os padres conciliares se defrontaram com polêmicas e diatribes acaloradas, e algumas dessas passagens exigiram até mais de um ano de trabalho para serem "definidas", como agora se apresentam.

Em 1966, a prestigiosa revista teológica francesa *Lumière et vie* declarou abertamente que "Satanás devia ser liquidado".

Também em 1966, foi lançado o *Novo Catecismo Holandês*. Sobre o diabo, ele afirmava: "Acreditar ou não em Satanás não afeta a fé".

Dois anos depois, também na Holanda, foi publicado um livro intitulado *Anjos e demônios*, de autoria de vários teólogos, no qual se argumentava que "a questão da realidade dos anjos e demônios é irrelevante para a salvação".

No mesmo ano, o teólogo americano John Y. Kelly publicou um livro sobre o diabo, no qual afirmava que "a demonologia tradicional nasceu de dados bíblicos mal compreendidos".

Em 1969, o Padre Herbert Haag, professor de Teologia da Universidade de Tubinga e consultor da Conferência Episcopal Alemã, publicou o ensaio intitulado *Abschied vom Teufel* [Adeus ao diabo], no qual argumentava que "este personagem inútil e inconveniente deve ser liquidado para sempre".

Nossa Senhora, em 1917, sabia que tudo isso iria acontecer. Ela é a Mãe do Salvador, de Jesus, o Filho de Deus que, quando pregava na Palestina, falava constantemente do diabo e que morreu na cruz para reparar os danos cometidos por Satanás. Maria é a inimiga absoluta do Maligno, que ameaça e arruína seus filhos. É a Mãe carinhosa que nunca se cansa de aconselhar os filhos. E, sabendo que na própria Igreja haveria uma tentativa de minimizar o "perigo" "Satanás-inferno", interveio.

E todos os papas do pós-Concílio lhe deram razão, confirmando que seu "alarme" era bem fundamentado.

Começou com Paulo VI. Depois do lançamento do *Catecismo holandês*, escreveu aos bispos daquela nação: "Não se deve dar espaço para qualquer ambiguidade sobre várias verdades... enraizadas no Evangelho e na Tradição da Igreja que tomam por real a existência de anjos bons e maus".

Em 29 de junho de 1972, festa de São Pedro e São Paulo, o Papa Montini, durante a missa em São Pedro, falou de Satanás, chamando-o de "inimigo dos homens". E acrescentou: "Por algumas fendas, a fumaça de Satanás entrou na Igreja".

Em novembro, durante a audiência de quarta-feira, fez um discurso totalmente centrado no demônio. Ele disse: "Quem se recusa a reconhecer a realidade do diabo abandona a estrutura do ensino bíblico e eclesiástico".

Voltou ao assunto em 1975, em 1977 e em 1978.

E, depois de Paulo VI, chegou João Paulo II, que aproveitou todas as oportunidades para chamar a atenção dos fiéis para a realidade satânica.

Em 24 de maio de 1987, no Monte Sant'Angelo, o Papa Wojtyla afirmou: "Esta luta contra o demônio que caracteriza a figura do Arcanjo Miguel, é ainda hoje relevante; porque o demônio ainda está vivo e operante no mundo".

João Paulo II foi o primeiro papa, em quatrocentos anos, a confrontar o demônio em um rito de exorcismo. Ele o fez em duas ocasiões: em 4 de abril de 1982 e em setembro de 2000.

Ao famoso exorcista Padre Gabriel Amorth, certo dia o Papa Wojtyla disse: "Quem não acredita no diabo não acredita no Evangelho".

Joseph Ratzinger, primeiro como professor, depois como arcebispo, como Cardeal Prefeito da Congregação para a Doutrina da Fé e, finalmente, como Papa Bento XVI, nunca se cansou de enfatizar a existência real do Maligno e do inferno.

São inúmeras as frases do Papa Francisco sobre Satanás. Desde seu primeiro discurso aos cardeais, no dia seguinte à eleição, citando uma frase de Leon Bloy, ele disse: "Quem não reza ao Senhor, reza ao diabo".

Falando dos jovens: "Esta geração foi levada a acreditar que o diabo era um mito, uma figura, uma ideia, a ideia do mal. Mas o diabo existe e devemos lutar contra ele".

E ainda: "O diabo é o mentiroso, é o pai dos mentirosos, o pai da mentira". "O diabo não joga flores sobre nós, mas flechas de fogo para nos matar."

Segundo o ensinamento da Igreja através dos papas, portanto, Nossa Senhora de Fátima tinha todos os motivos para se preocupar e chamar a atenção sobre o inferno.

Na segunda parte do segredo, Lúcia relatou fielmente as palavras de Nossa Senhora que, na realidade, indicavam um segundo inferno, o terreno. Fez uma lista profética de guerras, massacres, revoluções, lutas fratricidas, perseguições religiosas, destruição de nações inteiras, com milhões de mortes, milhões de pessoas forçadas a enfrentar dores e sacrifícios indescritíveis. Tudo provocado e produzido por Satanás, o Espírito do Mal, através de seus seguidores e das novas ideologias ateístas que surgiriam.

Dois infernos. O primeiro é o do fogo eterno da vida após a morte, povoado por demônios e pessoas que em vida rejeitaram a Deus escolhendo seguir e praticar os ensinamentos do Mal; o outro é o deste mundo, onde as pessoas vivem seu tempo de provação e podem exercer sua liberdade de escolher Deus ou Satanás. Este último é habitado por pessoas boas e más. As boas são perseguidas e mortas pelas más, que aparentemente triunfam, aproveitam, vencem.

Nossa Senhora, em 1917, indicou que o futuro será dramático. A eterna luta entre o Bem e o Mal, entre demônios e anjos, será implacável. As atrocidades que serão cometidas, geradas por ódio, ganância, egoísmo, sede de poder, levarão o mundo à beira da destruição. E ela veio para evitar a catástrofe.

Nossa Senhora disse às três crianças:

> Vocês viram o inferno, onde caem as almas dos pobres pecadores. Para salvá-los, Deus quer estabelecer no mundo a devoção ao meu Imaculado Coração.

Referindo-se às almas perdidas, ela disse "pobres pecadores". Não disse malfeitores, vilões pérfidos, criminosos cruéis, perversos, desumanos, infames, iníquos e implacáveis. Esses seriam os adjetivos corretos para qualificar aqueles que provocam massacres, matanças, guerras. Mas ela não usou esses termos. Disse "pobres pecadores". E nessa sua frase há uma verdade que ela nunca pode esquecer: mesmo os maus são seus filhos, e uma mãe nunca dirá esse tipo de coisa aos próprios filhos. "Pobres pecadores" é uma expressão que engloba dor, muita dor, como se Nossa Senhora se sentisse culpada por não conseguir salvá-los.

É por isso que ela, de vez em quando, vem ao nosso mundo para "implorar" por ajuda para seus filhos que estão prestes a se perder para sempre. Em Fátima, recorreu a três crianças inocentes, pedindo a elas, e através delas a outras pessoas boas, ajuda para salvar os filhos que estavam perdendo-se.

Com suas palavras e com sua ação, Nossa Senhora chamou também a atenção para outra das verdades fundamentais da fé cristã: o Corpo Místico de Cristo, que consiste em uma união especial de Cristo com todos os que vivem neste mundo e todos os que partiram, bem-aventurados na glória celestial, ou que estão na fase de purificação aguardando a glória. Jesus é a cabeça, intimamente unido aos membros por sua graça. Todo o bem feito por um único membro é derramado para o benefício de todos os outros, enquanto o mal realizado por um faz todos sofrerem.

Maria pede orações e sacrifícios aos bons porque o fruto dessas ações meritórias é um remédio para os maus e pode se tornar a salvação deles. Ela pede orações, súplicas a Deus, mas, acima de tudo, sacrifícios, sofrimento suportado por amor, que, referindo-se aos sofrimentos sofridos por Jesus na sua Paixão e morte para redimir o mundo, se tornam as mais altas orações.

Entre todas as "aparições" conhecidas na história da Igreja, seja de anjos, de santos, de Jesus, de almas no purgatório etc., as mais numerosas são as de Nossa Senhora.

Em 2007, um grande volume intitulado *Dictionnaire des "Apparitions" de la Vierge Marie* [Dicionário das "Aparições" da Virgem Maria] foi publicado na França e depois traduzido para várias línguas. Um volume de 1.500 páginas, com informações históricas sobre cerca de 2.400 aparições de Nossa Senhora. Todas são aparições consideradas confiáveis, que deixaram um traço importante na devoção mariana. Os autores são Patrick Sbalchiero, doutor em História e jornalista, e René Laurentin, padre francês falecido pouco antes de completar cem anos, em 2017, considerado o maior mariologista de todos os tempos, autor de mais de 160 livros e 2 mil artigos para a imprensa. Para a elaboração dessa obra monumental, contaram com a ajuda de cerca de 20 especialistas, pertencentes a várias disciplinas, da Medicina à Sociologia, da Psicanálise à História, do misticismo ao Direito Canônico, que examinaram as aparições de cada um de seus próprios pontos de vista, ajudando a formar um julgamento final de grande importância.

Mas, para se ter um quadro completo das visitas marianas no mundo, às 2.400 aparições examinadas por Laurentin muitas outras devem ser adicionadas, ainda que carentes de documentos históricos, mas testemunhadas por tradições locais, costumes, festas, efemérides, capelas, templos, santuários. E, do conjunto de toda essa informação, fica evidente que Nossa Senhora sempre esteve ocupada com as contínuas viagens entre o céu e a terra, e é natural perguntar-se "por que" faz isso e qual "urgência" explica essas suas frequentes aparições.

A resposta é uma só. É porque ela é "a Mãe". Jesus o afirmou, poucos momentos antes da sua morte, dizendo a Maria que estava ali, ao pé da cruz, junto de João: "Mulher, eis o teu filho!" e, ao discípulo, "Eis a tua mãe!".

Todos os Padres da Igreja viram nesse gesto a vontade de Jesus de proclamar Maria "Mãe da sua Igreja", "Mãe do Corpo Místico de Cristo", Mãe, portanto, de todos os seres humanos, que ele redimiu com a sua encarnação e morte na cruz.

Ao longo da história da fé cristã, Maria sempre foi invocada com o nome de Mãe. Em tempos mais recentes, o Papa Paulo VI quis que o título "Maria Mãe da Igreja, Mãe dos fiéis" tivesse um respaldo de absoluta certeza doutrinal.

No documento *Lumen Gentium*, a segunda das quatro constituições dogmáticas do Concílio Vaticano II, ele fez inserir um capítulo inteiro, o oitavo, dedicado a Maria Santíssima no mistério de Cristo e da Igreja. Em 21 de novembro de 1964, proclamando a *Lumen Gentium*, proferiu um discurso no qual desejava esclarecer e integrar com o magistério papal aquele do Concílio. Ele atribuiu solenemente a Virgem Maria o título de "Mãe da Igreja" e pediu que com este título ela fosse venerada e invocada pelo povo cristão.

Um ano depois, no discurso da última sessão pública do Concílio Vaticano II, em 7 de dezembro de 1965, o Papa Paulo VI retomou o assunto, afirmando categoricamente:

> Portanto, para glória da Virgem e para nosso conforto, proclamamos Maria Altíssima Santa Mãe da Igreja, isto é, de todo o povo de Deus, tanto os fiéis como os pastores, que a chamam de Mãe amorosa; e queremos que a Virgem seja homenageada e invocada por todo o povo cristão com este doce título de agora em diante.

Maria é, portanto, a "verdadeira Mãe" de todos os viventes. Uma mulher é uma "verdadeira mãe" quando cuida dos filhos com amorosa solicitude. Não temos outros critérios para julgar uma "boa mãe". Se uma mulher mata seus filhos ou os abandona, dizemos que ela é uma mãe desnaturada; se os ajuda a ponto de perder as forças, dizemos que é uma heroína, uma santa. Pelo que sabemos da história, Maria é uma Mãe que sempre se desvelou pelos filhos e continua a fazê-lo.

Em Fátima, no início do século XX, ela sabia muito bem o que aconteceria. Fez aquelas terríveis confidências aos videntes, contidas no grande segredo, para exortá-los a colaborar com ela na salvação dos pecadores.

Ela falou de guerras, aniquilação de nações, carestia, tortura dos bons, perseguição à Igreja, sofrimento do papa e assim por diante. Mencionou a Rússia em particular, como semeadora de erros no mundo.

Naquela época, estava surgindo na Rússia a "grande revolução", que deveria derrubar o regime czarista que oprimia e explorava o povo. Na realidade, o inspirador dessa revolução, Vladimir

Ilyich Ulyanov Lenin, tinha objetivos diferentes. Em um discurso a seus colaboradores de maior confiança, em 25 de outubro de 1917 (relatado no livro *Morire a Mosca* [Morrer em Moscou], de Alfredo Signoretti, e também no livro *L'attentato al Papa* [O atentado ao papa], de Sebastiano Labo), Lenin afirmou abertamente:

> Na revolução não me interessa apenas a Rússia. Eu cuspo na Rússia. A Rússia é apenas uma etapa intermediária na marcha da revolução mundial para a conquista do mundo inteiro... Prefiro um milionário ou um capitalista que nega Deus a um camponês ou trabalhador que acredita em Deus... De agora em diante, não teremos misericórdia de ninguém, e destruiremos tudo para construir nosso templo sobre estas ruínas.

Portanto, o objetivo daquela revolução não era "o bem-estar do povo oprimido", mas o desejo de estabelecer no mundo a rebelião do homem contra Deus. E as consequências foram drásticas. Primeiro na Rússia, com a revolta de outubro seguida pela "guerra civil" que durou anos, com milhões de mortos, feridos e famintos. E, depois, com o mito do internacionalismo proletário, que levou a Rússia a dominar e aniquilar outras nações. Ao longo dos anos, o comunismo russo, especialmente sob Stalin, para escravizar as nações rebeldes vizinhas, dizimava as suas populações, deportando parte dos habitantes para a Sibéria. Ao longo dos anos, foram levados para a Sibéria 280 mil tártaros da Crimeia; 220 mil habitantes da Calmúquia, 150 mil carachais; 92 mil inguches do norte do Cáucaso. Algumas daquelas repúblicas não aparecem mais nos mapas porque foram apagadas. Os alemães do Volga e os habitantes dos pequenos países bálticos sofreram destino semelhante. O mito da revolução comunista mundial foi então espalhado por vários países da Ásia, África e América Latina. Estima-se que o comunismo tenha matado 150 milhões de pessoas em todo o mundo desde 1917.

Em Fátima, Nossa Senhora previu tudo e indicou um caminho de salvação.

> [...] virei pedir a consagração da Rússia a meu Imaculado Coração e a comunhão reparadora nos primeiros sábados. Se atenderem a meus pedidos, a Rússia se converterá e terão paz.

Mas, mesmo que pareça incrível, essa consagração, como Nossa Senhora havia pedido, por várias razões ainda não se realizou.

IX

"E A RÚSSIA SE CONVERTERÁ"

No último parágrafo do texto da segunda parte do segredo, Nossa Senhora menciona a Rússia três vezes. Ela a menciona em um contexto em que aparece como elemento fundamental da sua mensagem e do destino do mundo. E, falando da Rússia, anuncia também duas novas devoções marianas que "Deus quer estabelecer no mundo: a devoção ao meu Imaculado Coração" e "a comunhão reparadora nos primeiros sábados". Novamente em relação à Rússia, ele prevê toda uma série de eventos dramáticos, aterrorizantes, que envolverão várias nações e serão apaziguados, ao final, com a conversão da própria Rússia.

Em 1917, a Rússia não era uma nação que atraía a atenção do resto do mundo. Fazia parte, com a Grã-Bretanha e a França, da Tríplice Aliança, em guerra contra a Alemanha e a Áustria, mas há algum tempo internamente dilacerada por problemas e movimentos políticos que a estavam destruindo. Entre fevereiro e março de 1917, dois meses antes do início das aparições de Fátima, houve na Rússia uma revolta de operários, soldados e camponeses, que derrubou o regime czarista e, depois, com a Revolução de Outubro, levou ao poder os Bolcheviques, uma corrente do

Partido Operário Social-democrata Russo, dando vida ao primeiro Estado socialista do mundo.

O bolchevismo tinha Lenin como fundador e guia, o qual combatia com a propaganda científica do ateísmo.

Todos os acontecimentos ocorridos na Rússia naquele 1917 teriam, posteriormente, consequências de grande importância no mundo, mas não foram notícia nas várias nações europeias envolvidas na Primeira Guerra Mundial, muito menos no pequeno Estado de Portugal. Lúcia dirá que nunca tinha ouvido falar da Rússia. E, quando Nossa Senhora, na aparição de 13 de julho, pronunciou esse nome três vezes, ela pensou que se tratasse de uma senhora má e que era necessário rezar pela conversão daquela mulher.

Mais de um século depois, podemos resumir com alguma precisão o que significou a Revolução Russa de 1917. E somos testemunhas de que aquele movimento marxista-leninista-comunista-materialista ateu, fundado por Lenin, foi um fracasso sob todos os pontos de vista. Tanto é verdade que desapareceu de todos os Estados que o adotaram. Mas deixou feridas difíceis de curar.

É desconcertante que, na época, quando o movimento estava ganhando terreno na Rússia, nenhum estudioso, nenhum analista político, nenhum observador tenha previsto suas consequências ideológicas e sociopolíticas. Só uma pessoa o fez: Nossa Senhora, conversando com três crianças analfabetas.

Vamos reler aquelas previsões proféticas:

> Viram o inferno, para onde vão as almas dos pobres pecadores. Para salvá-las, Deus quer estabelecer no mundo a devoção a meu

Imaculado Coração. Se fizerem o que eu disser, salvar-se-ão muitas almas e terão paz. A guerra vai acabar, mas, se não deixarem de ofender a Deus, no reinado de Pio XI começará outra pior. Quando virem uma noite, iluminada por uma luz desconhecida, saibam que é o grande sinal que Deus lhes dá de que vai punir o mundo de seus crimes, por meio da guerra, da fome e de perseguições à Igreja e ao Santo Padre. Para impedi-la, virei pedir a consagração da Rússia a meu Imaculado Coração e a comunhão reparadora nos primeiros sábados. Se atenderem a meus pedidos, a Rússia se converterá e terão paz, se não, ela espalhará seus erros pelo mundo, promovendo guerras e perseguições à Igreja, os bons serão martirizados, o Santo Padre terá muito que sofrer, várias nações serão aniquiladas. Por fim, o meu Imaculado Coração triunfará. O Santo Padre consagrar-me-á à Rússia, que se converterá, e será concedido ao mundo algum tempo de paz.

Nesta passagem de 185 palavras, 1.053 caracteres incluindo espaços, Nossa Senhora predisse vários eventos muito importantes, que depois se realizaram literalmente. Ela falou com as três crianças, mas, na realidade, o discurso é dirigido aos crentes e a seus guias, como demonstram as frases: "Se fizerem o que eu disser a vocês... Se não pararem de ofender a Deus... Se aceitarem meus pedidos...". E o conteúdo do discurso gira em torno da Rússia, que ela cita três vezes nessas 185 palavras.

Primeira citação: "Virei pedir a consagração da Rússia a meu Imaculado Coração e a comunhão reparadora nos primeiros sábados".

Segunda citação: "Se atenderem a meus pedidos, a Rússia se converterá e terão paz, se não, ela espalhará seus erros pelo mundo, promovendo guerras e perseguições à Igreja, os bons serão martirizados, o Santo Padre terá muito que sofrer, várias nações serão aniquiladas. Por fim o meu Imaculado Coração triunfará".

Terceira citação: "O Santo Padre consagrar-me-á à Rússia, que se converterá, e será concedido ao mundo algum tempo de paz".

Na primeira citação, Nossa Senhora anunciou ao povo cristão um futuro pedido dela a respeito da Rússia; na segunda citação, enumerou vários erros que a Rússia espalhará pelo mundo; na terceira, disse que o papa consagrará a Rússia ao seu Imaculado Coração, que esta se converterá e que haverá paz no mundo.

Pode-se dizer que Nossa Senhora, em 1917, por meio de suas aparições e mensagens, entrou em contato com a humanidade de uma forma especial, porque sabia que ela estaria em perigo e prestes a enfrentar grandes provações.

Precisamente naquele ano ocorreram dois movimentos que teriam um peso decisivo na história da humanidade. Um movimento político e um movimento espiritual: a Revolução Russa, fruto da ideologia ateísta e, portanto, certamente não inspirada por Deus; e as aparições de Nossa Senhora, com suas indicações proféticas e mensagens ascéticas que remetiam a valores espirituais.

Dois movimentos opostos, que se enfrentaram num desafio mortal, que não deixa de ser o desafio sempre presente na Criação: Bem e Mal.

Tema complexo. Sobretudo porque, muitas vezes, ao querer simplificá-lo, ele acaba sendo traído. Os crentes dizem: "Deus sabe tudo, conhece também o futuro e ninguém pode escapar do que ele sabe", desta forma afirmando que tudo o que acontece é destino.

Esquecem que o maior dom que Deus deu aos homens é o "livre-arbítrio", isto é, a faculdade que permite a cada pessoa escolher por si mesma os objetivos de suas ações, sem qualquer determinação, e, portanto, ser responsável por suas próprias ações, para melhor ou para pior.

Como vimos, a Igreja é uma sociedade que inclui também os habitantes da vida após a morte. Move-se entre o céu e a terra. É composta pela humanidade viva nesta terra, unida às pessoas que estão na vida após a morte, na glória do paraíso ou na purificação do purgatório. Esses três setores são mantidos intimamente unidos por Jesus, com quem formam o Corpo Místico de Cristo.

A humanidade na terra está em um estado de expectativa, de provação, no qual deve escolher livremente seu futuro. Deus a ajuda apresentando oportunidades, dando sinais, indicações, mas sempre respeita o livre-arbítrio e, portanto, é sempre o indivíduo que decide, responsabilizando-se por suas próprias escolhas.

Em 1917, talvez precisamente pelo perigo que se desenhava nas ideologias que se estavam afirmando na Rússia, Nossa Senhora, movida pelo grande amor maternal, como já o fizera em mil outras ocasiões ao longo dos séculos, veio a este mundo para fazer propostas e dar conselhos. Entrou em campo com força, aparecendo para as três crianças, dando sinais visíveis e físicos de sua presença, realizando maravilhas e atraindo atenção e interesse. Ela certamente fez isso para ajudar seus filhos a entender os perigos da estratégia que estava sendo implementada naquela época pelo inimigo, por Satanás, e que poderia tornar-se terrível.

Desde então, ela confidenciou aos três pequenos videntes os movimentos futuros altamente inovadores de seu projeto, como o de pedir ao papa uma consagração especial e solene da Rússia e o de pedir a seu filho, Jesus, Deus, a promessa de dar à humanidade dois novos caminhos espirituais de salvação, ligados a si mesma, ao seu papel de Mãe Salvadora: a devoção ao seu Imaculado Coração e a prática dos primeiros sábados do mês, que explicaremos mais tarde.

Ela havia dito aos videntes, em 13 de julho de 1917: "Virei para pedir a consagração da Rússia ao meu Imaculado Coração".

"Virei." Ela não pediu imediatamente. Talvez quisesse ver como seus filhos reagiriam às suas aparições e às ideologias ateístas russas. E, vendo que as reações não foram suficientes para se opor aos erros que a Rússia difundia pelo mundo, passou ao "plano B" do seu projeto, já anunciado: veio pedir ao papa, através de Lúcia, a consagração da Rússia "ao Imaculado Coração de Maria".

Lúcia, nos seus escritos, relatou que Nossa Senhora fez o pedido em 13 de junho de 1929. Doze anos após a primeira aparição, ocorrida em 13 de maio de 1917. Nessa ocasião, Nossa Senhora disse: "Vim pedir-lhes que venham aqui por seis meses consecutivos, no dia 13, nessa mesma hora. Então direi quem sou e o que quero. Depois voltarei aqui uma sétima vez". Houve seis aparições em Fátima. Nossa Senhora, depois, continuou a manter contato com os videntes de várias maneiras, até mesmo em aparições particulares. Mas, segundo Lúcia, a "sétima aparição", prometida em 13 de maio de 1917, ocorreu em 13 de junho de 1929.

Lúcia escreveu na "Quarta memória":

> Tinha pedido e obtido autorização dos meus superiores e do confessor para fazer a Hora Santa das onze à meia-noite, todas as quintas e sextas-feiras. Certa noite, sozinha, ajoelhei-me entre os dois balaústres no meio da capela para recitar, prostrada, as orações do *Angelus*. Sentindo-me cansada, levantei-me e continuei a recitá-las com os braços estendidos em forma de cruz.
>
> A única luz era a da lâmpada.
>
> De repente, toda a capela se iluminou com uma luz sobrenatural e uma cruz de luz apareceu no altar, subindo até o teto. Em uma luz mais clara, podia-se ver na parte superior da cruz a face de um homem e o corpo até a cintura, no peito uma pomba também de luz e pregado à cruz o corpo de outro homem.
>
> Um pouco abaixo da cintura, suspensos no ar, viam-se um cálice e uma grande hóstia, sobre a qual caíam algumas gotas de sangue que escorriam das bochechas do Crucificado e de uma ferida no lado. Escorrendo da hóstia, essas gotas caíam no cálice.
>
> Sob o braço direito da cruz estava Nossa Senhora (era Nossa Senhora de Fátima... com o seu Imaculado Coração... na mão esquerda... sem espada, nem rosas, mas com uma coroa de espinhos e chamas...) com o seu Imaculado Coração na mão... Debaixo do braço esquerdo, algumas letras grandes, como se fossem de água cristalina fluindo sobre o altar, formavam estas palavras: "Graça e misericórdia".

> Compreendi que o mistério da Santíssima Trindade estava me sendo mostrado e recebi luzes sobre este mistério que não posso revelar.
>
> Então Nossa Senhora me disse: "Chegou o momento em que Deus pede que o Santo Padre, em união com todos os bispos do mundo, consagre a Rússia ao meu Imaculado Coração, prometendo, assim, salvá-la. São tantas as almas que a justiça de Deus condena pelos pecados cometidos contra mim, que venho pedir a reparação: sacrifique-se por esta intenção e reze".
>
> Informei tudo ao confessor, que me mandou escrever o que Nossa Senhora queria que se fizesse.

Visão complexa, simbólica, sugestiva, que necessitaria de muitas explicações para que se compreendesse seu significado profundo. Mas, no que diz respeito à Rússia, as palavras de Nossa Senhora são precisas: "É chegado o momento em que Deus pede ao Santo Padre que, em união com todos os bispos do mundo, consagre a Rússia ao meu Imaculado Coração".

Palavras terríveis do ponto de vista religioso prático. Nossa Senhora diz que "Deus pede que o Santo Padre faça", e Lúcia teria a tarefa de levar esta mensagem, este pedido ao papa. Ela, uma freira de 19 anos, teve que entrar em contato com o Vaticano para dizer a Pio XI que "Deus quer que ele, o papa, faça...".

Em 1929, as aparições de Fátima ainda não tinham recebido a aprovação eclesiástica de "legitimidade", que se efetivaria no ano seguinte. E, ainda assim, essa aprovação eclesiástica não seria uma declaração dogmática, que forçaria os cristãos a acreditar, mas apenas um julgamento positivo que colocava aquelas aparições como parte da fé privada.

Nossa Senhora também havia especificado que o papa deveria fazer essa consagração "em união com todos os bispos do mundo". Ou seja, Deus pediu ao papa aquela "colegialidade" necessária para proclamar uma verdade de fé, um dogma. E este foi um obstáculo quase intransponível. Os bispos devem estar em perfeita harmonia com o papa apenas no que diz respeito às verdades dogmáticas, isto é, aos pilares da fé. De resto, cada um é livre. E as aparições de santos, de Nossa Senhora e outras coisas semelhantes não pertencem às verdades dogmáticas.

Portanto, pensar que a pobre Lúcia poderia levar essa mensagem ao papa era impossível. Ela tentou de todas as maneiras cumprir o que lhe foi confiado, mas encontrou dificuldades de todos os tipos. Assim começou o "mistério" da "consagração da Rússia ao Imaculado Coração de Maria".

X

ENTRE O CÉU E A TERRA

"Vim pedir-lhes que venham aqui durante seis meses consecutivos, no dia 13, nesta mesma hora. Então lhes direi quem sou e o que quero. Depois, voltarei pela sétima vez."

Foi o que Nossa Senhora prometeu em 13 de maio de 1917, aparecendo pela primeira vez às três crianças de Fátima. "Voltarei pela sétima vez."

Como já mencionado no capítulo anterior, as seis aparições mensais consecutivas terminaram em outubro daquele ano. Nossa Senhora continuou a ter contato com os três videntes, de maneira particular, individualmente, quando estavam em casa. Dos escritos de Lúcia, fica claro que houve muitas aparições presenciadas por ela e por Francisco e Jacinta na curta vida deles. Porém, nenhuma com características para ser considerada a "sétima" da série, como prometido pela Virgem. No entanto, a Lúcia pareceu que a aparição ocorrida na noite de 13 de junho de 1929 tinha essas características. Nossa Senhora, de fato, tinha vindo concluir um discurso relacionado à Rússia, iniciado precisamente na Cova da Iria, na terceira aparição. Então, ela disse: "Eu virei pedir a consagração da Rússia". Na noite entre 13 e 14 de junho de 1929, disse: "É chegado o momento em que Deus pede ao Santo Padre que, em união com todos os bispos do mundo, consagre a Rússia ao meu Imaculado Coração, prometendo salvá-la por este meio".

O "virei" de 13 de julho de 1917 teve o seu cumprimento naquele "é chegado o momento" da noite de 13 de junho de 1929. Assim começou a história da "consagração da Rússia ao Imaculado Coração de Maria", desejada por Deus e patrocinada por Nossa Senhora. Uma história complicada, difícil, complexa sobre os valores mais elevados de toda a humanidade, que aconteceu em uma dimensão racionalmente inconcebível, envolvendo o céu e a terra, Deus, Nossa Senhora, Irmã Lúcia, bispos, cardeais, papas, em uma abordagem instável e nunca definitiva de adesões e dúvidas que ainda não encontrou uma solução.

Refletindo sobre esse fato cem anos depois das aparições de Fátima, a história parece desconcertante. Aquelas aparições, do ponto de vista espiritual e religioso, são consideradas entre as mais importantes da história. As profecias feitas por Nossa Senhora em 1917 foram cumpridas ao pé da letra.

Em 13 de maio de 2017, no dia consagrado a Nossa Senhora de Fátima, o Papa Francisco canonizou Jacinta e Francisco Marto, que, cem anos antes, haviam tido as visões e recebido a mensagem de Nossa Senhora. Foram as primeiras crianças não mártires santificadas pela Igreja e também a primeira vez que uma celebração desse tipo ocorreu em Portugal. Em vida, Lúcia teve a estima de milhões de fiéis e também de grandes personalidades da Igreja, incluindo alguns papas. Após sua morte, em 2005, a Igreja abriu oficialmente o processo para a sua beatificação.

Estamos, portanto, na presença de um evento espiritual que exclui qualquer possibilidade de dúvida. No entanto, os apelos que Lúcia, em nome de Deus e de Nossa Senhora, fez ao longo da sua vida para que fosse feita a "consagração da Rússia ao Imaculado Coração de Maria" não foram atendidos. Incrível. Somente uma poderosa, assustadora maquinação diabólica poderia oferecer alguma explicação para tal fato.

Depois da visão da noite de 13 de junho de 1929, Lúcia falou com o seu confessor, o Padre José Bernardo Gonçalves, que lhe disse para anotar tudo o que a Virgem lhe dissera. Esse escrito provavelmente foi confiado ao bispo de Leiria e deu início às tratativas para informar o papa.

Padre Gonçalves já se correspondia há algum tempo com Lúcia, que insistia para que fossem divulgadas e aprovadas pela Igreja duas devoções marianas, sugeridas pela própria Nossa Senhora: a "Devoção ao Sagrado Coração Imaculado de Maria" e a devoção dos "Cinco sábados".

Acima de tudo, esta última devoção era a mais cara a Lúcia. Numa carta ao confessor, ela escreveu que, no dia de Natal de 1925, a Santíssima Virgem apareceu-lhe com uma criança a seu lado. Pondo a mão em seu ombro, a Virgem mostrou-lhe um coração que tinha na outra mão, rodeado de espinhos. Ao mesmo tempo, a criança disse:

> Tende piedade do coração da sua Santíssima Mãe, que está coberto de espinhos, que homens ingratos cravam nele a todo momento e não há ninguém que faça um ato de reparação para removê-los.

E a Santíssima Virgem acrescentou:

> Olhe, minha filha, o meu coração rodeado de espinhos que os homens cravam em mim a todo momento, com blasfêmias e ingratidões. Você, pelo menos, procure me consolar e diga que prometo atender no momento da morte, com todas as graças necessárias para a salvação de suas almas, todos aqueles que durante cinco meses, nos primeiros sábados, se confessarem e receberem a Sagrada Comunhão; recitarem um rosário e me fizerem 15 minutos de companhia, meditando os 15 mistérios do rosário, para me dar alívio.

Lúcia entusiasmou-se com essa "promessa" da Virgem e trabalhou muito para divulgá-la. Falou sobre isso com todos que conhecia. Também escreveu para sua mãe:

> Minha querida mãe, gostaria de que me desse o consolo de abraçar uma devoção que eu sei que agrada a Deus e que foi nossa querida Mãe do Céu quem pediu. Assim que a conheci, tive vontade de abraçá-la e tento fazer com que todos a abracem. Portanto, espero que a senhora, mãe, responda dizendo que vai fazer isso e que tentará fazer com que todas as pessoas daí também a abracem. A senhora nunca me poderia dar maior consolo do que esse.

Durante quatro anos, Lúcia continuou a sua missão de divulgar as duas novas devoções a Nossa Senhora. Então, em 13 de junho de 1929, houve a "sétima aparição", com o pedido oficial para que o papa realizasse a "consagração da Rússia ao Imaculado Coração de Maria". E, a partir dessa data, Lúcia dedicou-se incessantemente a essa nova missão, não esquecendo, porém, as duas devoções marianas que estavam intimamente ligadas à consagração da Rússia. Ela intuiu que a questão da conversão da Rússia, sobre a qual Nossa Senhora voltou a falar depois de doze anos, era o objetivo principal das aparições de Fátima. E respondeu com todo o seu entusiasmo, abraçando sem reservas a nova missão que lhe foi confiada.

Ao longo de sua vida, Lúcia escreveu muitas cartas. Muitas ainda não foram publicadas porque contêm questões espirituais pessoais ou outros temas privados. Nas que são conhecidas, escritas depois de 1929, o tema da "consagração da Rússia ao Imaculado Coração de Maria" é constante. Lúcia sabia que aquela Consagração implicava, pela promessa explícita de Nossa Senhora, não só a conversão da Rússia, mas "um período de paz no mundo". O que significava o fim das guerras, revoluções, massacres, sofrimentos e a salvação de muitas almas. Ela repetia isso em suas cartas e continuou a repetir até sua morte, ocorrida em 2005.

Pelas cartas de Lúcia, fica claro que ela falava frequentemente com Nossa Senhora sobre esse assunto. Para os não crentes, esses dados podem parecer insignificantes, se não totalmente ridículos. Mas os crentes sabem que, não apenas são possíveis, mas, avaliados no contexto da história de Fátima, absolutamente confiáveis.

Seguem alguns exemplos extraídos das cartas que Lúcia escreveu ao Padre José Bernardo Gonçalves, jesuíta e seu confessor.

Carta de 1930:

> Se não me engano, o bom Deus promete acabar com a perseguição na Rússia, se o Santo Padre se dignar a fazer, e ordenar aos bispos do mundo católico que também o façam, um ato público

e solene de reparação e consagração da Rússia aos Santíssimos Corações de Jesus e Maria. Sua Santidade também deve prometer que, no final desta perseguição, aprovará e recomendará a prática da devoção restauradora já descrita.

Carta de 1934:

Quanto à consagração da Rússia... lamento que continue assim, porque creio que o bom Deus não está feliz; mas não posso fazer nada mais do que orar e me sacrificar por amor.

Carta de 1935:

[...] Quanto à Rússia, parece-me que muito agradará a Nosso Senhor, se trabalhar para que o Santo Padre cumpra os seus desejos.

Carta de 1935:

Falando intimamente com o Senhor, parece-me que ele está disposto a mostrar misericórdia para com a pobre Rússia, como prometeu há 5 anos, e que ele deseja tanto salvá-la.

Carta de 1936:

[...] Falei intimamente com Nosso Senhor sobre esse assunto; algum tempo atrás eu perguntei por que ele não convertia a Rússia, mesmo que Sua Santidade não realizasse a consagração. "Porque desejo que toda a minha Igreja reconheça essa consagração como um triunfo do Coração Imaculado de Maria, para depois estender o seu culto e colocar ao lado da devoção ao meu divino Coração a devoção a esse Coração Imaculado." "Mas, meu Deus, o Santo Padre não vai acreditar em mim, se tu mesmo não o mover com uma inspiração especial!" "O Santo Padre!

Reze, reze muito pelo Santo Padre! Ele o fará, mas vai ser tarde. No entanto, o Imaculado Coração de Maria deve salvar a Rússia. É confiada a ele." Agora, pai, quem pode me garantir que isso não é pura ilusão? Por medo de assim o ser, não falei sobre isso a ninguém, nem mesmo ao confessor. Tenho medo de enganar a mim mesma e os outros, o que quero evitar a todo custo.

Carta de 1940:

Quanto ao que foi ou deve ser feito, fui informada, mais ou menos (refiro-me à Rússia e ao Imaculado Coração de Maria), por Nosso Senhor, por Sua Excelência, o senhor bispo, e pelo Reverendíssimo Padre Galamba, com quem falei há pouco tempo. Lamento que, apesar da inspiração do Espírito Santo, tenha sido perdida uma oportunidade. Nosso Senhor também lamenta isso. Por esse ato ele teria apaziguado sua justiça e perdoado ao mundo o flagelo da guerra que se está desencadeando entre as nações, da Espanha à Rússia. Em uma carta a Sua Excelência Reverendíssima, que escrevi de Rianjo, escrevi em termos bastante claros. Queira Deus que este tempo se aproxime. Deus é tão bom que está sempre disposto a agir com misericórdia para conosco. É, portanto, a vontade de Deus que seja renovado o pedido à Santa Sé. Se não intervier esse ato pelo qual nos será concedida a paz, a guerra só terminará quando o sangue derramado pelos mártires for suficiente para aplacar a justiça divina.

Como suas intervenções e as das pessoas que nela acreditaram não conseguiam fazer nada a respeito da consagração da Rússia, em 1940, Lúcia decidiu escrever diretamente ao papa.

Os acontecimentos de Fátima eram perfeitamente conhecidos no Vaticano. Não só porque os jornais continuavam a falar sobre eles, mas também porque os papas já estavam interessados.

Na época das aparições, em 1917, o papa era Bento XV. Ele ficou impressionado com o afluxo de peregrinos que imediatamente começaram a frequentar Fátima, e já em 1918 decidiu restaurar a diocese de Leiria, território de que Fátima dependia, fechada desde 1881. Em uma carta de 29 de abril de 1918, dirigida aos bispos portugueses, referiu-se às aparições de Fátima como "uma extraordinária ajuda da Mãe de Deus".

A diocese de Leiria, ao longo da sua história, passou por muitas tribulações. Havia sido criada em 1545, pelo Papa Paulo III. Em 1640, foi devastada pela revolução independentista portuguesa; em 1807, pela francesa, com destruição de prédios e saques; em 1834, foi incorporada aos bens do Estado com todas as suas propriedades; finalmente, em 1881, foi suprimida na sequência de uma reorganização eclesiástica do território português pretendida pelo Papa Leão XII. Foi então reestabelecida em 1918, depois de trinta e sete anos, graças também ao fervor religioso levado àquele lugar pelas aparições de Nossa Senhora.

O primeiro bispo, após o renascimento da diocese, foi Dom José Alves Correia da Silva, que tomou posse em 15 de maio de 1920 e a governou até sua morte, em 1957.

Esse bispo manteve contatos com Bento XV até 1922, e deu prosseguimento a eles com Pio XI. E foi Pio XI, em 1930, quem aprovou as conclusões positivas a que chegou o processo eclesiástico sobre a veracidade e a seriedade das aparições de Fátima, conduzido em Portugal.

No dia 1º de outubro de 1930, Pio XI concedeu indulgência parcial aos que visitassem pessoalmente o Santuário, e indulgência plenária aos que fossem a Fátima em grupo.

Depois de Pio XI, veio Pio XII, que, por sua grande devoção a Nossa Senhora de Fátima e por suas numerosas intervenções para difundir essa devoção, passou à história como "o papa de Fátima".

Ele havia sido consagrado bispo em 13 de maio de 1917, ou seja, no mesmo dia da primeira aparição de Nossa Senhora. Uma coincidência absolutamente fútil para os não crentes, mas importante para os crentes. E, principalmente para Lúcia, que conhecia esses detalhes e, talvez, de forma especial, também muitos outros.

Desde o início, ele manifestou atenção por Fátima. Em 13 de junho de 1940, por ocasião das celebrações do oitavo centenário da fundação de Portugal, publicou sua terceira encíclica, intitulada *Saeculo Exeunte Octavo*, dedicada àquela nação e, sobretudo, às suas atividades missionárias. Nessa carta citou Fátima, escrevendo entre outras coisas: "Deus abençoará a vossa santa cruzada e a vossa nobilíssima nação. De Fátima, Nossa Senhora do Rosário, a grande Mãe de Deus que venceu em Lepanto, assistir-vos-á com o seu poderoso patrocínio". E também: "Todos os sacerdotes consagrem parte de suas orações a esta santa e altíssima intenção [a de suscitar vocações missionárias]. Façam-no particularmente as ordens contemplativas e os fiéis, ao recitarem o rosário, tão recomendado pela bem-aventurada virgem Maria de Fátima...".

Três meses depois, em setembro, ao erigir a diocese de Nampula em Moçambique, Pio XII confiou-a à proteção de Nossa Senhora de Fátima.

Sinais de grande admiração por Fátima, que não escaparam ao clero português, muito menos ao bispo de Leiria. E também não escaparam à Irmã Lúcia. Ela então decidiu escrever uma carta a Pio XII.

Ela o fez no final do ano. Uma carta muito longa: 843 palavras, 5.234 caracteres, incluindo espaços. Não foi entregue ao papa na íntegra, sendo primeiro revisada e resumida pelo bispo de Leiria, Dom José Alves Correia da Silva, que a reduziu a 705 palavras. Mas os argumentos que Lúcia queria expor estavam todos lá.

E, desde o início de seu escrito, Lúcia confidenciou ao pontífice suas preocupações com a famosa consagração da Rússia, pedida por Nossa Senhora em 1929 e ainda por realizar.

> Venho, Santíssimo Padre, renovar um pedido já várias vezes enviado à Vossa Santidade. O pedido, Santíssimo Padre, é de Nosso Senhor e nossa boa Mãe do Céu.

Lúcia então contou a história das aparições e dos vários pedidos de Nossa Senhora, terminando com um apelo sincero:

> Em várias comunicações íntimas, Nosso Senhor não deixou de insistir nesse pedido, prometendo ultimamente que, se Vossa Santidade se dignar a fazer a consagração do mundo ao Imaculado Coração de Maria, com especial menção da Rússia, e ordenar

que em união com Vossa Santidade todos os bispos do mundo o façam ao mesmo tempo, encurtará os dias da tribulação, com a qual decidiu punir as nações pelos seus crimes, com guerra, fome e várias perseguições à Igreja e à Vossa Santidade. Lamento sinceramente, Santíssimo Padre, os sofrimentos de Vossa Santidade! E, tanto quanto posso, com minhas pobres orações e sacrifícios procuro reduzi-los junto ao nosso bom Deus e ao Imaculado Coração de Maria.

Pio XII levou a carta de Lúcia em séria consideração e, a partir de então, realizou várias iniciativas importantes no espírito de Fátima.

Em outubro de 1942, consagrou o mundo ao "Coração Imaculado de Maria" e fez uma menção especial à Rússia.

Em 4 de maio de 1944, estendeu a toda a Igreja a festa do Imaculado Coração de Maria, que já se celebrava em várias dioceses do mundo.

Em 1946, enviou a Fátima o Cardeal Masella, legado pontifício, para coroar Nossa Senhora de Fátima "Rainha do mundo".

Em 1950, falando ao superior-geral dos dominicanos, disse: "Dizei aos vossos religiosos que o pensamento do papa está contido na mensagem de Fátima".

No dia 7 de julho de 1952, em resposta às petições dos católicos da Rússia, consagrou novamente a Rússia e o seu povo ao Imaculado Coração de Maria.

Em 11 de outubro de 1954, publicou uma encíclica sobre o Reino de Maria, falando da imagem milagrosa de Fátima.

Por duas vezes, portanto, o Papa Pio XII fez a consagração da Rússia ao Imaculado Coração de Maria. Mas a Irmã Lúcia, então, sempre comentava que eram cerimônias muito agradáveis a Deus e a Nossa Senhora, mas não realizadas como Deus havia pedido, ou seja, pelo papa em comunhão com todos os bispos, nomeando explicitamente a Rússia.

Com a chegada de João XXIII ao trono de Pedro, houve um desinteresse momentâneo pela consagração da Rússia. A devoção do Papa Roncalli a Nossa Senhora sempre foi muito grande, desde sua infância. Mas, assim que foi eleito papa, começou a pensar no Concílio Vaticano II, um concílio ecumênico, e seu grande desejo era de que todos os bispos da terra dele participassem. Estava preocupado com os países sob o domínio da União Soviética. E, por isso, desejava que bispos da religião ortodoxa russa também participassem do Concílio. As negociações dos representantes do Vaticano com os líderes soviéticos foram longas e complexas. No final, chegou-se a um acordo: os soviéticos permitiram que bispos e cardeais católicos de países sob o regime comunista fossem a Roma e deram a mesma permissão a dois bispos ortodoxos, mas, em troca, exigiam que o conselho não interferisse nos assuntos da União Soviética e não pronunciasse condenações contra seu regime e contra o comunismo.

Assim começou a "Ostpolitik vaticana", um complexo de relações diplomáticas entre a Santa Sé e os países do Bloco Soviético, que teve seu maior apoiador no Cardeal Agostino Casaroli. Políticas que visavam ao alívio das tensões e ao diálogo.

Por essa razão, portanto, sob João XXIII falou-se pouco de Fátima. Mas o discurso foi retomado, ainda que de forma descontraída, com o Papa Paulo VI, que, em 1964, durante as solenes cerimônias de encerramento da terceira sessão do Concílio, perante todos os bispos católicos do mundo, quis renovar a consagração do mundo ao Imaculado Coração de Maria, feita por Pio XII em 1942. E, em 13 de maio de 1965, por meio de seu legado pontífice e como havia anunciado ao Concílio Vaticano II, o Papa Paulo VI, segundo um antigo rito, reservado ao pontífice e nunca caído em desuso, presenteou o Santuário de Fátima com a "Rosa de Ouro", uma flor em metal precioso oferecida em homenagem pontifícia como símbolo de especial distinção. E, nessa ocasião, quis confiar toda a Igreja aos cuidados maternos de Nossa Senhora de Fátima.

Dois gestos muito significativos, que em sua essência continham o propósito da consagração, mas não na forma exigida e, portanto, não considerados válidos por Irmã Lúcia.

Dois anos depois, no dia 13 de maio de 1967, no 50º aniversário da primeira aparição de Nossa Senhora em Fátima, Paulo VI foi em peregrinação ao Santuário mariano português.

O Papa João Paulo I permaneceu no trono de Pedro por apenas 33 dias. Não teve tempo para fazer algo importante por Fátima, mas sua vida estava de alguma forma envolvida nos mistérios de Nossa Senhora de Fátima. Em julho de 1977, o Cardeal Albino Luciani, patriarca de Veneza, participou de uma peregrinação de sua diocese a Fátima. No dia 11 de julho, visitou Irmã Lúcia no Carmelo de Coimbra.

Os jornais de meio mundo se interessaram por esse encontro. Escreveram que a famosa freira predisse a Luciani que ele se tornaria papa e que seu pontificado seria brevíssimo, concluído com uma morte súbita. E escreveram muitas outras coisas. E todas foram desmentidas. Não por aqueles que as haviam dito, mas por outros. Então, não se pode dizer onde estava a verdade. Em 1979, entrevistei Eduardo Luciani, irmão mais velho do papa. Ele confirmou que seu irmão, quando era patriarca de Veneza, foi recebido pela Irmã Lúcia em Coimbra e que, ao sair daquele encontro, estava perturbado. "Raramente o vi tão abalado", afirmou. Mais tarde, em 2003, entrevistei Lina Petri, sobrinha do Papa Luciani, filha da irmã do papa, que me disse a mesma coisa: "Meu tio foi em peregrinação a Fátima em 1977. Também se encontrou com Lúcia. Não sabemos o que aconteceu. Mas a verdade é que, quando meu tio se referia àquele encontro, seu rosto assumia uma expressão preocupada. Meu tio Eduardo disse isso muitas vezes. Mas também eu posso testemunhá-lo. Falando daquela viagem, um dia me disse: 'Fátima é um lugar de oração. Respira-se uma atmosfera verdadeiramente espiritual'. E falando-me da Irmã Lúcia, disse sorrindo: 'Ela é uma freira bem pequena, pequenininha, mas muito falante'. E, depois dessa frase, eu o vi ficar com o rosto sombrio, preocupado. Ele permaneceu em silêncio olhando ao longe. Então se recuperou: 'Sim, sim, Irmã Lúcia é tagarela como vocês, mulheres'".

Frases que não significam muito, mas que poderiam ter implicações estranhas com a morte prematura do papa.

Depois de João Paulo I, Karol Wojtyla tornou-se papa, assumindo o nome de João Paulo II. O primeiro papa polonês da história. No dia 13 de maio de 1981, 64º aniversário da primeira aparição de Nossa Senhora em Fátima, ao passar por entre a multidão na Praça de São Pedro, foi atingido por uma bala. Salvou-se por sorte. Posteriormente, foi publicado o texto da terceira parte do famoso segredo de Fátima.

> E vimos numa luz imensa que é Deus: "algo semelhante a como se veem as pessoas num espelho quando lhe passam por diante", um bispo vestido de branco, "tivemos o pressentimento de que era o Santo Padre". Vários outros bispos, sacerdotes, religiosos e religiosas subiram uma íngrime montanha, no cimo da qual estava uma grande cruz de troncos toscos, como se fosse de sobreiro com a casca; o Santo Padre, antes de chegar aí, atravessou uma grande cidade meio em ruínas, e meio trêmulo com andar vacilante, acabrunhado de dor e pena, ia orando pelas almas dos cadáveres que encontrava pelo caminho; ao chegar ao cimo do monte, prostrado de joelhos ao pé da grande cruz, foi morto por um grupo de soldados que lhe dispararam vários tiros e setas.

Papa Wojtyla se reconheceu naquele bispo vestido de branco, que sobe e é morto a tiros.

Assim, também ele entrou na história de Fátima e, como veremos, aí permaneceu até sua morte.

XI

O CALVÁRIO DO PAPA WOJTYLA

Em 13 de maio de 1981, 17h13. João Paulo II, em pé sobre seu jipe branco, está cruzando a Praça de São Pedro lotada por 40 mil fiéis, vindos de todos os lugares para assistir à audiência geral das quartas-feiras. De repente, soam dois tiros de revólver. O papa desaba nos braços do secretário, Dom Stanislaw Dziwisz.

Alguém cometeu um atentado contra a vida do pontífice. As imagens do Santo Padre caindo para trás, ferido de morte, são transmitidas pelas televisões de todo o mundo. A humanidade assiste a elas, atônita e incrédula.

Esse foi um dos eventos noticiosos mais marcantes do século XX. Mas também continua sendo um dos fatos mais enigmáticos e carregados de significados espirituais misteriosos.

Em meio àquela multidão, naquela quente tarde romana, ocorreu um acontecimento de indizível significado, do qual participaram o céu e a terra. Alguém queria matar o papa, mas uma presença invisível interveio para evitar que as balas atingissem órgãos vitais e causassem sua morte.

O próprio João Paulo II revelou mais tarde: "Uma mão disparou, outra desviou a bala". E João Paulo II dirá ainda que a mão que desviou a bala foi a de Nossa Senhora, que avisara sobre aquele atentado aos três videntes de Fátima, no distante 13 de julho de 1917.

Quem vai a Fátima e se detém em frente à imagem de Nossa Senhora, pode observar que, no centro do diadema, na cabeça da Virgem Maria, há algo estranho: uma pequena saliência pontiaguda e escura. Essa preciosa tiara é feita de ouro maciço cravejado de diamantes, que foram doados por várias rainhas do mundo. A pequena protuberância escura contrasta com o brilho do ouro e dos diamantes. Mas talvez seja o objeto mais precioso. Trata-se da bala que deveria matar o Papa João Paulo II em 1981. Foi extraída do abdômen do papa imediatamente após o atentado, e ele, indo em peregrinação a Fátima em 13 de maio de 1982 para agradecer a Nossa Senhora por ter salvado sua vida, quis levar aquele objeto mortal como um presente. A bala foi cravada entre o diamante doado a Virgem Maria pela rainha da Espanha e o diamante doado a ela pela rainha Fabíola, da Bélgica. E lá ficará para sempre, em memória do que aconteceu no dia 13 de maio de 1981 em Roma, na Praça de São Pedro, em prova do que ela havia revelado aos três videntes de Fátima em 13 de julho de 1917, ou seja, sessenta e quatro anos antes do acontecimento.

Naquela quarta-feira, 13 de maio de 1981, fazia um dia quente e arejado em Roma.

Ao meio-dia, João Paulo II havia almoçado no Palácio Apostólico do Vaticano com o professor Jerome Lejeune, conhecido geneticista francês, um dos líderes do "Movimento Internacional pela Vida". Os dois também haviam conversado sobre o referendo que, quatro dias depois, em 17 de maio, seria realizado na Itália em favor da legalização do aborto. O papa estava lutando com todas as forças para deixar claro que essa lei legalizaria os assassinatos.

Exatamente às 17 horas, o jipe branco apareceu sob o Arco delle Campane. A multidão explodiu em aplausos estrondosos. O papa, sorridente, em pé atrás do motorista, a saudava agitando os braços. Sua aparência era de um homem forte, magro, ágil, atlético, fisicamente bem. Em 18 de maio, ou seja, cinco dias depois, ele completaria 61 anos, mas parecia ter uns 50.

Geralmente, às quartas-feiras, quando a audiência-geral acontecia ao ar livre, o papa dava uma ou duas voltas na praça a bordo do papamóvel, depois descia em frente ao átrio e falava aos fiéis.

Naquele 13 de maio, comemorava-se o 64º aniversário da primeira aparição de Nossa Senhora em Fátima, mas ninguém na Itália falava sobre isso. Fátima, então, era um evento conhecido pelos crentes, mas não chamava tanta atenção.

O carro avançava lentamente pelo corredor protegido por barreiras de madeira. Os peregrinos agitavam os braços e alguns erguiam as crianças para que o papa as tomasse nos braços e as abençoasse.

A multidão aplaudia o papa com incrível entusiasmo. Wojtyla estava no trono de São Pedro há apenas três anos, mas já havia conquistado a todos. Seu jeito jovial e esportivo de fazer as coisas o tornara um personagem popular. Ele havia levado uma revolução ao Vaticano. Havia mandado construir uma piscina para manter o físico em forma. Algumas vezes, tinha esquiado nas montanhas incógnito. Foram publicadas poesias escritas por ele, bem como algumas peças dramáticas.

Nunca se vira um papa tão dinâmico e moderno no trono de Pedro. Vinha do Leste, da Polônia, ou seja, de um país do bloco comunista, cuja ideologia ateísta e marxista era poderosa e se emaranhava pelo mundo todo. Sabia-se que, em sua pátria, ele havia sido um guerreiro indomável contra o ateísmo comunista, mas, assim que ascendeu ao trono de Pedro, tornou-se o terror do comunismo internacional. Ele se propusera a combater essa ideologia com todas as suas forças. Seis meses depois de sua eleição, conseguiu voltar a seu país para uma visita oficial e atraiu multidões às praças, semeando o pânico até mesmo no Kremlin. Mas mesmo aquela sua luta aberta atraía a atenção e simpatia das massas.

O jipe branco do papa havia diminuído a velocidade. João Paulo II pegou nos braços uma garotinha de cachos loiros, levantou-a mostrando-a para a multidão, depois beijou seus cabelos e a devolveu ao pai. Nesse exato momento, as pessoas mais próximas do pontífice ouviram o ruído seco e surdo dos dois disparos. Alguns pombos voaram assustados. As pessoas que estavam longe do jipe não notaram aqueles ruídos, mas viram o papa perder o equilíbrio e cair nos braços do secretário.

Eram 17h17. Houve um momento de perplexidade na Praça de São Pedro. Então, todos perceberam que algo terrível havia acontecido. O papa estava perdendo sangue pelo abdômen e também tinha a mão esquerda ensanguentada. "Ele foi atingido", gritou o secretário do papa. O motorista do jipe subiu na calçada e se dirigiu para a ambulância mais próxima, estacionada perto do Portão de Bronze. O pontífice foi transferido para a ambulância, que partiu a toda velocidade em direção à Policlínica Gemelli.

Enquanto isso, no ponto da praça onde o pontífice havia sido atingido, notava-se um alvoroço entre as pessoas. Algumas se jogaram sobre um jovem e o imobilizaram. A polícia chegou imediatamente e o tirou das mãos da multidão que tentava linchá-lo. Ele é quem tinha atirado. Como se soube mais tarde, era um cidadão turco, Ali Agca, de 23 anos, assassino profissional, procurado pela polícia de vários países. Ele havia se misturado aos peregrinos que estavam na primeira fila ao longo das barreiras e atirou de perto contra o papa, com uma arma Browning 9 mm semiautomática.

A ambulância com o pontífice a bordo correu como um raio pela cidade. Em 8 minutos, conseguiu fazer o trajeto que normalmente levaria meia hora. O plano de emergência fora acionado.

A Policlínica Gemelli fora avisada pelo Vaticano com a frase: "O papa foi atingido". No décimo andar da policlínica, as salas estavam sempre prontas para uma eventualidade como aquela, mas ninguém poderia imaginar que um dia seriam necessárias.

Ao longo do caminho, como Dom Stanislaw revelou mais tarde, o papa não perdeu a consciência, continuando a murmurar orações, mas suas energias vitais decaíam rapidamente. Era evidente pela palidez do rosto e pelos batimentos cardíacos, que se tornavam cada vez mais fracas.

Chegando ao hospital, os primeiros médicos que o socorreram perceberam que ele havia perdido a consciência. Esse foi o momento mais terrível. Na prática, o papa parecia morto. Enquanto estava sendo levado para o décimo andar, ele recebeu uma massagem cardíaca. Com lágrimas nos olhos, Dom Stanislaw ministrou-lhe a Unção dos Enfermos. Foram realizados os primeiros exames muito rapidamente e, em seguida, ele foi levado para a sala de cirurgia, situada no nono andar.

No momento do ataque, um dos três cirurgiões-chefe da Policlínica Gemelli, o professor Francesco Crucitti, estava em um hospital na via Aurélia. Assim que recebeu o telefonema com a notícia do ataque, correu para seu carro. Sabendo que qualquer segundo poderia ser essencial para a vida do papa, percorreu o primeiro trecho da rua na contramão, depois atravessou a cidade a uma velocidade insana. Entrou na Gemelli com medo de não haver elevadores livres, pois sabia que, às vezes, era necessário esperar até 5 minutos para surgir um disponível; em vez disso, com grande espanto, percebeu que todos os elevadores estavam no térreo, livres.

Subiu para o nono andar. Os auxiliares e enfermeiros saltaram sobre dele, arrancaram seu paletó e calça, vestiram o avental e o calçado hospitalar. Enquanto se lavava, alguém da sala de cirurgia gritou: "A pressão está em oitenta, em setenta, continua caindo" e uma nova comoção arrepiou todos os presentes. O perigo de perder Karol Wojtyla para sempre era enorme.

O professor Crucitti começou a trabalhar. A bala havia devastado o abdômen do pontífice. O cirurgião cortou com bisturi e encontrou, como ele mesmo disse mais tarde, "sangue, muito sangue, uns três litros". Era necessário proceder à aspiração para estancar a hemorragia, que constituía o perigo mais imediato. Em seguida, foram feitas transfusões que melhoraram as condições do ferido, permitindo a intervenção apropriada.

Ao explorar o abdômen do papa, o professor Crucitti encontrou várias lesões. Algumas causadas pela explosão do projétil, outras por sua passagem. A bala perfurou o cólon e causou cinco ferimentos no intestino delgado. O mundo estava ansioso. Todos esperavam notícias sobre as condições do papa, mas apenas às 20 horas foi possível saber algo mais preciso. Os médicos da policlínica divulgaram um primeiro boletim para a imprensa, no qual se dizia que a situação havia melhorado um pouco.

A cirurgia durou cinco horas. Foram retirados 55 centímetros de intestino do papa. Mas a estrutura forte de Wojtyla reagiu bem. Às 0h45 do dia 14 de maio, os médicos divulgaram um segundo boletim, no qual se dizia que a cirurgia havia sido bem-sucedida e que o estado do paciente era satisfatório.

Ao longo da noite, na Praça de São Pedro e em frente à Policlínica Gemelli, acorreram fiéis e peregrinos que velaram em oração. Um grupo de poloneses, vindo do Santuário de Częstochowa, trouxe uma imagem da Virgem Negra. Imediatamente após o ataque, eles a colocaram no lugar em que o pontífice faria o discurso, e passaram a recitar o rosário. Em certo momento, uma rajada de vento a derrubou. Na parte de baixo da imagem havia uma inscrição, escrita vários dias antes: "Nossa Senhora, proteja o Santo Padre do Mal".

João Paulo II permaneceu quatro dias na Unidade de Terapia Intensiva. Quando já estava fora de perigo, perguntou ao professor Crucitti sobre os detalhes da intervenção. O professor confessou ter ficado com muito medo e disse em que estado havia encontrado seu abdômen.

"Observei uma coisa incrível", disse o professor. "A bala penetrou sua barriga em ziguezague, evitando órgãos vitais. Passou a um fio da aorta abdominal: se a tivesse atingido, o senhor teria sangrado até a morte, antes mesmo de chegar ao hospital. Ela evitou a coluna vertebral e todos os outros principais centros nervosos. Parecia ter sido guiada, para não causar danos irreparáveis."

Essas palavras soaram como um alarme aos ouvidos do papa. Alguém observou que o atentado ocorreu no dia 13 de maio, aniversário da primeira aparição de Nossa Senhora em Fátima. João Paulo II lembrou que, no Vaticano, havia um grande dossiê relativo a Fátima, contendo também o texto original do famoso segredo. Ele precisava daquele dossiê.

O segredo, como já mencionamos nas páginas anteriores, foi revelado por Nossa Senhora aos três videntes de Fátima, na aparição de 13 de julho de 1917. Nossa Senhora havia dito que não fosse contado a ninguém até que ela mesma o permitisse. Essa licença chegou em 1941.

Escrevendo um relatório nessa data, Lúcia, a pedido do bispo de Leiria, revelou as duas primeiras partes do segredo: a relacionada à visão do inferno e a das previsões sobre a Segunda Guerra Mundial, os erros que a Rússia espalharia pelo mundo causando guerra e perseguições. A terceira parte do segredo foi escrita por Lúcia três anos depois, em janeiro de 1944, a pedido do bispo de Leiria e, como iremos contar mais adiante, teve uma elaboração cansativa, sendo só tornada pública no ano 2000.

Lendo o escrito, João Paulo II ficou muito impressionado. Parecia que Nossa Senhora, no longínquo 1917, havia falado sobre ele e o atentado que havia sofrido.

Lúcia havia escrito, entre outras coisas:

> E vimos um bispo vestido de branco, "tivemos o pressentimento de que era o Santo Padre". Vários outros bispos, sacerdotes, religiosos e religiosas subiram uma íngrime montanha, no cimo da qual estava uma grande cruz de troncos toscos, como se fosse de sobreiro com a casca; o Santo Padre, antes de chegar aí, atravessou uma grande cidade meio em ruínas, e meio trêmulo, com andar vacilante, acabrunhado de dor e pena, ia orando pelas almas dos cadáveres que encontrava pelo caminho; ao chegar ao cimo do monte, prostrado de joelhos ao pé da grande cruz, foi morto por um grupo de soldados que lhe dispararam vários tiros e setas...

Linguagem hermética, típica da literatura profética, mas clara em seu conteúdo. Essas palavras simples e concisas traçavam um retrato preciso da situação da Igreja, perseguida especialmente nos países oprimidos pelo comunismo. E a menção ao atentado contra a vida do papa era inconfundível. Um atentado que deveria ser fatal, mas que não foi por intervenção direta da Virgem.

O papa se reconheceu naquele "bispo vestido de branco". Refletiu sobre o fato de que a Virgem, em suas predições do futuro, sempre condicionou sua ocorrência ao comportamento dos homens, quase como se quisesse reafirmar o conceito de que não é Deus quem pune, mas é o homem que, afastando-se livremente da verdade, constrói para si o abismo da destruição. Em 1981, a humanidade certamente não "funcionava" dentro dos parâmetros da Verdade. De acordo com a visão profética, "o homem vestido de branco" deveria ter morrido sob os golpes dos agressores. Mas a Virgem havia desviado a bala, impedindo-a de atingir órgãos vitais. Por que ela fez isso?, perguntava-se o Papa Wojtyla. E provavelmente chegou à conclusão de que Nossa Senhora queria que ele lutasse para salvar a humanidade da autodestruição. Nossa Senhora queria que ele fosse seu colaborador nessa batalha extrema.

Os horizontes da grande missão espiritual de João Paulo II se alargaram ainda mais. Ele se agarrou a Virgem, colocou-se à disposição dela. Ele se tornou o Papa de Fátima.

Em Fátima, Nossa Senhora havia falado de oração e penitência. Ele se tornou o homem da oração e da penitência.

Nossa Senhora havia pedido repetidamente que o papa, em união com todos os bispos da Igreja, consagrasse a Rússia ao "Imaculado Coração de Maria". Por várias razões, de oportunidade, de diplomacia, de exigências políticas, de dificuldade em conseguir a adesão de todos os bispos, e também por acordos que, como vimos, foram feitos na época do Concílio Vaticano II, nenhum dos seus predecessores o fizeram de maneira válida, como Nossa Senhora havia indicado, mas Wojtyla decidiu que era absolutamente necessário atender a esse pedido.

No dia 7 de junho, quatro dias depois de deixar o hospital, decidiu organizar uma cerimônia solene de entrega do mundo ao Imaculado Coração de Maria, com a intenção de incluir a Rússia, ainda que não a pudesse nomear. Fez organizar a cerimônia na Basílica de Santa Maria Maior como parte da solenidade de Pentecostes. Esse dia também havia sido escolhido para comemorar o 1600º aniversário do primeiro Concílio de Constantinopla e o 1550º aniversário do Concílio de Éfeso. O papa acrescentou aquela sua cerimônia particular. Ele não pôde participar. Havia recebido alta da Policlínica Gemelli em 3 de junho e ainda não estava bem. Mas quis escrever ele mesmo a oração para a consagração.

> *Ó Mãe dos homens e dos povos*, vós conheceis todos os seus sofrimentos e as suas esperanças, vós sentis maternalmente todas as lutas entre o bem e o mal, entre a luz e as trevas, que abalam o mundo – acolhei o nosso brado, dirigido no Espírito Santo diretamente ao vosso coração, e *abraçai com o amor da Mãe e da Serva do Senhor aqueles que mais esperam por este abraço* e, ao mesmo tempo, aqueles cuja entrega confiante vós também esperais de maneira particular.

A última frase é uma referência específica à Rússia.

E esse foi o início de uma campanha de orações e invocações feitas no espírito de Fátima, a que o papa deu continuidade até a sua morte, ocorrida em 2005.

Imediatamente expressou o desejo de ir como peregrino a Fátima para agradecer a Virgem que o havia salvado. Mas teve de esperar. Sua saúde estava gravemente comprometida. Foi novamente hospitalizado e, em 5 de agosto, os médicos da Gemelli o operaram de novo. De 14 de agosto a 30 de setembro, o papa esteve em convalescença. Mas depois continuou a sentir-se mal, atormentado por algo que os médicos não conseguiam identificar.

Finalmente, com a chegada do novo ano, ele se recuperou e em maio, a 13 de maio, primeiro aniversário do atentado, estava em Fátima.

Ao examinar atentamente o comportamento do Papa Wojtyla naquela sua primeira viagem a Fátima e, em especial, os discursos que proferiu, fica-se com a nítida impressão de que ele foi àquele Santuário com a convicção de que o mundo estava em perigo e com o propósito de querer salvá-lo a todo custo.

Já na noite de sua chegada, falando à multidão reunida na grande praça diante do Santuário para a vigília noturna, ele disse:

> Quero fazer-vos uma confidência: desde há muito que eu tencionava vir a Fátima, conforme já tive ocasião de dizer à minha chegada a Lisboa; mas, desde que se deu o conhecido atentado na Praça de São Pedro, há um ano, ao tomar consciência, o meu pensamento voltou-se imediatamente para este Santuário, para depor no coração da Mãe celeste o meu agradecimento por me ter salvado do perigo. Vi em tudo o que se foi sucedendo – não me canso de o repetir – uma especial proteção materna de Nossa Senhora. E, pela coincidência – e não há meras coincidências nos desígnios da Providência Divina –, vi também um apelo e, quiçá, uma chamada à atenção para a mensagem que daqui partiu, há sessenta e cinco anos, por intermédio de três crianças, filhas de gente humilde do campo, os pastorzinhos de Fátima, como são conhecidos universalmente.

> E aqui estou, convosco, peregrino entre peregrinos, nesta assembleia da Igreja peregrina, da Igreja viva, santa e pecadora, para "louvar o Senhor, porque é eterna a sua misericórdia".

Quando falou em público, o papa pesou particularmente cada palavra. Nesse discurso, ele relembrava a própria história pessoal, o atentado, mas imediatamente o ligava ao significado geral das aparições de Fátima, à mensagem dada por Nossa Senhora à humanidade por meio dos três pastorzinhos.

Naquela noite, o papa permaneceu rezando em silêncio diante da imagem de Nossa Senhora, no local das aparições, por 40 minutos. Um tempo infinito, durante o qual as emoções da multidão que o assistia foram muito fortes. Em seguida, participou da procissão noturna, com velas acesas. Uma enorme multidão estava lá, com ele. Um milhão de pessoas, vindas de todos os lados, algumas descalças, com os pés sangrando, exaustas de cansaço, ensopadas de chuva, cantando orações antigas. "Venho em peregrinação a Fátima como a maioria de vós, amados peregrinos", disse o papa, "com o terço na mão, o nome de Maria nos lábios e o cântico da misericórdia de Deus no coração: ele também "a mim fez grandes coisas...".

Na manhã de 13 de maio, antes de iniciar as cerimônias no Santuário, João Paulo II quis encontrar-se com Irmã Lúcia e conversou com ela, cara a cara, sem testemunhas, durante 20 minutos. E, então, quis que ela ficasse perto dele e se fez fotografar várias vezes com ela. E também este foi um gesto de reconhecimento, um desejo de dar grande importância a Lúcia e ao que ela disse e escreveu durante anos, como se então, depois do atentado, conseguisse reconhecer a autenticidade daquelas revelações.

E depois, durante a missa, seguida pela imensa multidão reunida na grande esplanada, abriu seu coração, deixando claro a todos quais pensamentos e preocupações tinha na alma. E eram pensamentos e preocupações gravíssimas.

Falou em tons apocalípticos, como nunca tinha feito antes. Insinuou enormes perigos iminentes.

Voltou-se para Nossa Senhora, implorou e suplicou-lhe com uma insistência quase desesperada.

Expressou dor em face da confusão moral desenfreada, causa primária do afastamento do homem de Deus: "Como não desanimar diante da difusão do secularismo e da permissividade, que minam tão gravemente os valores fundamentais da norma moral cristã?".

Mas então, querendo compenetrar-se com todas aquelas pessoas, querendo apresentar-se a Deus e a Nossa Senhora, numa hora tão séria, apenas como homem, um dos tantos daquela humanidade confusa e dispersa, abandonou o modo normal de falar, isto é, desistiu de fazer análises da sociedade e das condições do mundo como observador, como pastor, e continuou seus discursos em forma de oração:

> O sucessor de Pedro apresenta-se aqui também como *testemunha dos imensos sofrimentos do homem*, como testemunha das ameaças quase apocalípticas que pesam sobre as nações e sobre a humanidade [...] aqui e em toda a Igreja, no coração de cada um dos homens e no mundo inteiro: sede bendita ó Maria, nossa Mãe dulcíssima.

Ele disse exatamente "ameaças apocalípticas". E mais uma vez, para evitar um desastre, queria colocar a humanidade, o mundo inteiro, sob a proteção de Nossa Senhora. Como fizera em Santa Maria Maior, em 7 de junho do ano anterior, como fizera em Kuduna, na Nigéria, em fevereiro, queria repetir o ato de "confiar-se a Nossa Senhora".

Ainda não era a "consagração específica" do mundo ao Imaculado Coração de Maria, de todo o mundo, incluindo a Rússia, como tantas vezes a Virgem havia pedido. Ele ainda não agia em nome de todos os bispos, com os quais ainda não tivera tempo de se consultar, mas era um novo ato com o qual queria fazer saber a Virgem que era sua intenção cumprir o que ela pedira.

Com um tom sincero, o Papa Wojtyla rezou a Nossa Senhora pelo "mundo do segundo milênio que está para terminar, o mundo contemporâneo, o nosso mundo de hoje". E depois pronunciou a fórmula explícita da consagração:

> [...] abraçai com o amor da Mãe e da Serva este nosso mundo humano, que vos confiamos e consagramos, cheios de inquietação pela sorte terrena e eterna dos homens e dos povos.
>
> De modo especial vos entregamos e consagramos aqueles homens e aquelas nações que desta entrega e desta consagração particularmente têm necessidade. [...]
>
> Ajudai-nos a vencer a ameaça do mal que tão facilmente se enraíza nos corações dos homens de hoje e que, nos seus efeitos incomensuráveis, pesa já sobre a nossa época e parece fechar os caminhos do futuro!

"O mal que parece fechar os caminhos do futuro!" Expressão terrível, que fotografa uma realidade verdadeiramente apocalíptica. João Paulo II, um homem otimista e guerreiro por natureza, nunca teria dito aquelas palavras, se não tivesse uma visão clara do imenso perigo.

Prosseguindo na sua intensa súplica a Virgem, disse o papa:

> Da fome e da guerra, livrai-nos! Da guerra nuclear, de uma autodestruição incalculável e de toda espécie de guerra, livrai-nos! Dos pecados contra a vida do homem, desde os seus primeiros instantes, livrai-nos! De todo gênero de injustiça na vida social, nacional e internacional, livrai-nos! Da facilidade em calcar aos pés os mandamentos de Deus, livrai-nos! Dos pecados contra o Espírito Santo, livrai-nos, livrai-nos!
>
> Acolhei, ó Mãe de Cristo, este clamor carregado do sofrimento de todos os homens! Carregado do sofrimento de sociedades inteiras!
>
> [...]
>
> E como é que se apresenta hoje diante da Santa Mãe que gerou o Filho de Deus, no seu Santuário de Fátima, João Paulo II, sucessor de Pedro e continuador da obra de Pio, de João e de Paulo e particular herdeiro do Concílio Vaticano II? Apresenta-se com ansiedade, fazendo a releitura daquele chamamento materno à penitência e à conversão, daquele apelo ardente do coração de Maria, que se fez ouvir aqui em Fátima, há sessenta e cinco anos. Sim, relê-o, com o coração amargurado, porque vê quantos homens, quantas sociedades e quantos cristãos foram indo em direção oposta àquela que foi indicada pela mensagem de Fátima. O pecado adquiriu, assim, um forte direito de cidadania, e a negação de Deus difundiu-se nas ideologias, nas concepções e nos programas humanos!

O tom e o conteúdo dos discursos de João Paulo II em Fátima, naquele 13 de maio de 1982, impressionaram a todos. O papa nunca tinha sido visto tão preocupado e tão dramático. Ele provavelmente tinha conhecimento de coisas que ninguém mais sabia. A opinião de que a Virgem havia confidenciado à Irmã Lúcia que o mundo estava à beira de uma catástrofe nuclear, provavelmente, tinha algum fundamento. Afinal, Nossa Senhora, nas aparições daquele período em outras partes da terra, como, por exemplo, em Medjugorje, depois em Kibeho em Ruanda, se mostrava preocupada, muito preocupada, e recomendava muita oração.

João Paulo II iniciou, em Fátima, em maio de 1982, uma campanha de orações, súplicas, penitências para arrancar da Virgem a máxima proteção para a humanidade, para criar condições de mudança, de reversão de tendência e evitar a catástrofe. A partir daquele momento, aonde quer que fosse, o papa fazia a oração em que confiava o mundo inteiro a Nossa Senhora, sempre com a intenção de incluir também a Rússia. As suas viagens, as suas peregrinações aos santuários marianos sempre tinham Fátima, a consagração do mundo e da Rússia ao Imaculado Coração de Maria como referência.

Nossa Senhora havia indicado que o meio para "reparar" os erros da humanidade era constituído pelo mistério do sofrimento. O mistério da cruz. Jesus morrera na cruz para reparar o "dilaceramento" causado por Adão no paraíso terrestre. Nossa Senhora havia pedido orações e penitências para conter o "Mal" que se espalhava e que conduziria à catástrofe. Segundo muitas pessoas que conheciam bem João Paulo II, ele ofereceu a própria vida pela salvação da humanidade. E é fato que, a partir de então, a existência de João Paulo II foi um calvário contínuo. O Papa Wojtyla nunca se recuperou dos danos causados pelo atentado. Na verdade, eles foram aumentando gradualmente. Seguiram-se quedas, fraturas, cirurgias, enfermidades: uma progressão ininterrupta de sofrimentos, como se ele estivesse mesmo caminhando para o calvário.

XII

“NOSSA SENHORA VEIO POR NÓS”

Na tarde de 13 de julho de 1917, Lúcia, Francisco e Jacinta voltaram para casa, em Aljustrel, acompanhados por uma multidão.

Eles ficaram surpresos com o que viram e ouviram durante a terceira aparição de Nossa Senhora. A mais importante delas, tento em vista a experiência que estavam tendo. Nossa Senhora havia permitido que, por alguns momentos, eles pudessem ver o inferno, o fogo eterno no qual se agitavam demônios com formas terríveis e malditas. E confidenciara a eles eventos futuros, terríveis e dramáticos, guerras, mortes, devastação, sofrimento, eventos que afetariam vários povos da terra. Com um semblante triste e preocupado, Nossa Senhora lhes pedira que rezassem e fizessem sacrifícios para que aqueles eventos pudessem ser evitados.

Caminhavam pressionados pelas pessoas que os acompanhavam e não conseguiam esquecer aquelas imagens e as palavras de Nossa Senhora.

As pessoas continuavam a fazer perguntas. Elas queriam saber o que Nossa Senhora havia dito. E, sobretudo, perguntavam a

Lúcia por que, durante a aparição, ela soltara um grito de medo. Aquele grito atingira a todos.

"É um segredo", respondia Lúcia. E aquela palavra, "segredo", só aguçava a curiosidade e aumentava as perguntas.

A partir daí, o segredo se tornou um tormento para os três pequenos videntes. Todos queriam saber. Os familiares, os habitantes da vila, os curiosos que vinham de longe, os jornalistas, as autoridades civis e eclesiásticas, todos perguntavam e a todos os pequenos respondiam: "É um segredo que Nossa Senhora nos disse para não revelar a ninguém".

Os trinta dias que se seguiram a 13 de julho de 1917 foram dolorosos para os três videntes. Como Lúcia contou nas suas "Memórias", tinham diante dos olhos a terrível visão do inferno que os amedrontara. E pensavam nas palavras de Nossa Senhora, que enumerara muitos acontecimentos dramáticos que aconteceriam: guerras, fome, crimes, perseguições, sofrimentos para a Igreja e o papa.

Mas a atenção deles havia sido capturada, sobretudo, pelo rosto de Nossa Senhora, que parecia triste, e pelo tom de voz, sempre doce, mas preocupado. Especialmente quando recomendou que orassem:

> Sacrifiquem-se pelos pecadores e digam muitas vezes, especialmente quando fizerem algum sacrifício: "Ó Jesus, é por teu amor, pela conversão dos pecadores e em reparação dos pecados cometidos contra o Imaculado Coração de Maria".

Nossa Senhora despertara no coração deles um sentimento de profunda piedade pelos pecadores que se perdiam. Sentiam dor e amor por eles, e continuavam a rezar, a fazer sacrifícios para salvar aqueles que ainda não haviam caído no fogo eterno.

Portugal vivia um dos períodos mais sombrios da sua história. As aparições de Nossa Senhora despertavam interesse, entusiasmo, curiosidade na população camponesa, mas desprezo por parte da classe política e intelectual e da população próspera.

Em 1910, havia ocorrido naquele país uma revolução que derrubou a monarquia e instituiu a "Primeira República Portuguesa", um governo caracterizado por forte anticlericalismo de espírito, sobretudo, maçônico. O ministro e, depois, presidente do conselho da nova República foi Alfonso Costa, um maçom dos mais apaixonados. Foi o promotor de uma lei que sancionava a separação entre a Igreja e o Estado, acompanhada por um conjunto de disposições legislativas, de decretos opressores, cujo principal objetivo era a destruição da Igreja Católica em Portugal, entre os quais uma perseguição religiosa feroz e aberta, com a supressão das ordens religiosas, o confisco de seus bens, a legalização do divórcio. Em 26 de maio de 1911, durante uma conferência da Maçonaria em Portugal, com a participação de representantes das Lojas francesas, Alfonso Costa afirmou: "Com esta lei, em duas gerações, Portugal terá eliminado completamente o catolicismo, que é a principal causa da posição infeliz em que se debate". A sua ação contra a religião foi tão violenta e injustificada, que uma grande figura da época, Guerra Junqueiro, velho republicano e um dos maiores escritores portugueses, chamou-o de "o grande delinquente nacional".

Um desafio mortal também foi travado em Portugal, entre as forças do Bem e do Mal. A Igreja Católica portuguesa, apoiada primeiramente pelo Papa Pio X e, depois, pelo Papa Bento XV, resistiu a todos os ataques políticos, que em certas regiões foram muito duros.

Na região de Fátima, a população rural era tradicionalmente muito religiosa e tinha por hábito recitar o rosário em família todas as noites e ir à missa mesmo nos dias de semana. As aparições de Nossa Senhora aconteceram naquele lugar, naquele clima. Desde o início, todas as pessoas que se dirigiram à Cova da Iria com devoção foram visadas. Calúnias, zombarias, campanhas na imprensa, violências contínuas e inqualificáveis ocorreram crescentemente. E tudo à luz do Sol, com a cooperação das autoridades civis.

As aparições também ganharam manchetes na imprensa liberal, que se divertia ironizando, ridicularizando, zombando do que se passava em Fátima. Argumentavam que era uma tentativa dos padres e dos jesuítas de iniciar uma "fábrica de milagres" e roubar dinheiro da população ignorante. Mas a multidão de 5 mil pessoas presentes na Cova da Iria no dia 13 de julho atingiu a todos, até os jornais anticlericais. Aquilo tinha sido um evento nunca antes visto naquela região. O lugar, como lemos em um relato da época, era "árido, solitário, sem árvores, sem água, longe da ferrovia, perdido na serra, desprovido de todos os atrativos naturais". Era um lugar deserto e de difícil acesso. Ainda assim, naquele 13 de julho, cerca de 5 mil pessoas foram até lá.

Essas 5 mil presenças se tornaram um pesadelo tanto para as autoridades locais quanto para as nacionais.

O prefeito de Vila Nova de Ourém, da qual Fátima dependia, chamava-se Artur de Oliveira Santos. Ele era um expoente da nova ideologia política. Ateu, anticlerical, maçom, tinha um ódio feroz contra tudo o que se relacionasse com Deus e com a religião. Além de prefeito de Ourém, era também presidente da Câmara Municipal e substituto do juiz distrital. A personalidade mais eminente do território, a mais influente e também a mais temida. Publicava um jornal, *O Ouriense*, no qual manifestava o seu rancor antirreligioso. Ele também havia fundado uma Loja Maçônica da qual era presidente. Mas suas ideias e as de seus seguidores fanáticos não alcançaram a massa de camponeses que, nos campos, continuavam a viver fiéis à religião de seus pais.

Quando soube da aparição de Fátima, Artur de Oliveira Santos riu, ironizando o fato e dizendo que tais relatos eram dignos da mais pobre mentalidade medieval. Mas, ao saber que 5 mil pessoas haviam ido a Fátima em 13 de julho, percebeu que isso estava tornando-se um problema muito sério para ele.

Começaram a chegar pedidos de esclarecimento por parte das autoridades centrais de Lisboa. Estavam formulados em termos de reprovação. Como ele justificava um fato daqueles? Como era possível que ele, responsável pela administração local, não conseguia conter um escândalo que fazia o mundo rir?

Oliveira Santos ficou furioso. Decidiu enfrentar o problema pessoalmente. Começou escrevendo artigos irônicos em *O Ouriense*, o jornal que dirigia, mas poucos liam seu jornal, e esses poucos não levavam em consideração suas prédicas.

Ele foi percebendo isso à medida que se aproximava a data da próxima aparição, 13 de agosto. Seus colaboradores lhe disseram que, em Fátima, a expectativa era grande e que o fluxo de pessoas que todos os dias queriam ver os três videntes em Aljustrel ou iam à Cova da Iria rezar aumentava cada vez mais. Uma multidão muito maior do que a do mês anterior era esperada para 13 de agosto.

Artur de Oliveira Santos resolveu convocar os três pastorzinhos e seus pais. Todos tinham medo dele na região. Ele sabia disso e se aproveitava dessa condição para afirmar o seu poder. Antônio dos Santos assustou-se e correu para Ourém com Lúcia. Manuel Pedro Marto, pai de Francesco e Jacinta, ao invés disso, foi sozinho. "Meus filhos são pequenos e não saem de casa", disse ele com firmeza. E enfrentou o prefeito, que saiu derrotado daquele confronto.

Mas Artur de Oliveira Santos não desistiu. Na manhã do dia 13, foi a Aljustrel em sua carruagem. "Quero pessoalmente levar as crianças para a Cova da Iria", disse em tom brando e conciliador. Os pequenos não queriam segui-lo, mas ele conseguiu convencer os pais deles. Havia uma grande multidão nos arredores, e as crianças, viajando por aquela estrada na sua carruagem, estariam protegidas. O raciocínio convenceu os pais dos três videntes. Mas o prefeito, depois de tomar a estrada para a Cova da Iria, mudou de rumo no primeiro cruzamento e levou os pequenos para Ourém. Ele os trancou em uma sala de seu escritório, dizendo ameaçadoramente: "Vocês só vão sair daqui quando decidirem revelar o segredo de que tanto se fala".

Entretanto, uma multidão imponente, como jamais se vira por ali, convergia para a Cova da Iria. As pessoas chegavam de todas as direções: a pé, de bicicleta, a cavalo, no lombo de mulas ou burros, em carroças puxadas por bois.

Em volta da azinheira rezava-se o rosário, cantavam-se hinos religiosos.

Já era quase meio-dia e não se viam as crianças em lugar nenhum. As pessoas começaram a murmurar. A certa altura, um homem chegou de Fátima e disse que as crianças tinham sido levadas pelo prefeito de Ourém. Suas palavras foram acolhidas com um murmúrio de dor. As pessoas protestavam, e alguém começou a gritar. As vozes se alteravam, e talvez um motim tivesse estourado se, naquele momento, um forte trovão não tivesse acalmado a multidão.

O trovão era exatamente o que precedia as aparições. A multidão silenciou. Algumas pessoas se assustaram e se afastaram da azinheira. Muitos se ajoelharam. O trovão foi seguido por alguns relâmpagos, exatamente como acontecia quando Nossa Senhora estava para chegar. Todos viram uma nuvem branca e macia no céu azul, que desceu lentamente e pousou na azinheira. Os presentes notaram também outro fenômeno ocorrido nas aparições anteriores, mas que nesta ocasião foi marcante: a paisagem, as plantas, as pessoas foram envolvidas em uma atmosfera mágica. Todas as cores do arco-íris se refletiam nos rostos das pessoas. As árvores pareciam não ter galhos e folhas, apenas flores. O chão era todo um mosaico de lindas cores. Até as roupas das pessoas adquiriram as cores do arco-íris.

"Aquele era o dia do aniversário de minha mãe, irmã mais velha da Lúcia", contou-me Padre Valinho.

> Ela decidiu ir ao local onde se dizia que Nossa Senhora iria aparecer. Não é que houvesse mudado de ideia sobre as aparições e

Lúcia. Ela continuava zombando da irmã. Mas naquele dia ela se deixou levar pela curiosidade. Encontrou aquela gente e ficou muito impressionada. Mas não viu Lúcia, Francisco ou Jacinta e começou a se preocupar. Também foi testemunha dos acontecimentos prodigiosos que ocorreram no momento em que Nossa Senhora apareceria e ficou muito impressionada. Na verdade, desde aquele dia começou a acreditar no que Lúcia dizia. Ela me disse que "sentiu", muito fortemente, que havia uma atmosfera estranha e misteriosa naquele lugar. As próprias cores da natureza pareciam diferentes, até mesmo as cores das roupas de todas aquelas pessoas que esperavam. Mas o mais impressionante, disse-me ela, era o perfume que a pequena azinheira emanava. E o barulho que vinha da casca, como se em seu interior houvesse um enxame de abelhas. Naquele dia, minha mãe compreendeu que havia um grande mistério naquele lugar e que Lúcia, a quem sempre considerara uma mentirosa, havia falado a verdade.

Essa atmosfera de ficção científica durou cerca de 10 minutos. Então, a nuvem branca que envolvia a pequena azinheira ergueu-se e, lentamente, seguida pelo olhar encantado dos presentes, desapareceu no céu.

"Nossa Senhora veio mesmo sem a presença dos pastorzinhos", comentavam alguns. E acrescentavam preocupados: "Talvez ela tenha ficado com raiva por não tê-los encontrado e não volte mais".

"Ela veio por nós, para nos dar um presente", diziam outros em tom de alegria. "Nossa Senhora sabe tudo, sabia que as crianças não podiam vir, mas queria dar-nos um testemunho da sua presença, queria saudar-nos. É maravilhoso!"

Mas entre a multidão crescia a raiva contra o prefeito de Ourém. Algumas pessoas começaram a gritar: "Vamos libertar as crianças".

Outras disseram: "Sim, vamos a Ourém para matar o prefeito, vamos enforcá-lo".

E alguém acrescentou: "E o pároco também. Ele não fez nada para defender os videntes".

A atmosfera esquentava. A multidão avançou ameaçadoramente na direção de Ourém, gritando tão alto que podia ser ouvida até em Aljustrel.

Manuel Marto, pai de Jacinta e de Francisco, se deu conta de que algo irreparável estava para acontecer. Já muito triste com o destino de seus filhos, temia que a intemperança daquelas pessoas pudesse agravar a situação. "Acalmem-se", ele gritou. "Não se deve fazer mal a ninguém. Quem merecer o castigo o receberá. Não devemos tornar-nos responsáveis por ações das quais depois poderemos arrepender-nos."

As palavras do bom homem foram como um bálsamo. Muitos concordaram com ele e decidiram voltar para casa. Mas outros prosseguiram em seu protesto, e uma pequena multidão chegou a Fátima e permaneceu, ameaçadoramente, em frente à casa do pároco até a noite.

O pároco também ficou muito impressionado com a reação das pessoas. Como todo o clero, ele se manteve apartado da história das aparições. Mesmo a imprensa católica não se posicionou. O cardeal de Lisboa havia dado ordem ao clero para não participar nem tomar partido de forma alguma. Essa costuma ser uma atitude comum da Igreja, para evitar possíveis explorações pelo anjo das trevas.

Mas nos dias que se seguiram àquele dia tempestuoso, o pároco de Fátima, que tinha sofrido ameaças e acusações de não ter protegido os videntes, quis defender-se e enviou uma longa carta ao jornal *A Ordem*, de Lisboa, a qual representa um documento importante sobre os fatos ocorridos naquele 13 de agosto. O Padre Manuel Marques Ferreira negou qualquer participação no sequestro das crianças pelo prefeito de Ourém, qualificando-o como "um ato insidioso e sacrílego". Negou qualquer relação com o senhor Artur de Oliveira Santos. Mas, acima de tudo, confirmou os fatos prodigiosos acontecidos na Cova da Iria:

> Às obras de Deus ninguém pode pôr entraves. Não foram necessárias as crianças para a Rainha dos Anjos revelar o seu poder, dizem milhares de testemunhas que atestam os fatos extraordinários e os fenômenos de que deram fé e que mais arraigaram sua crença. Agora não são as três crianças de 9 a 11 anos, são os milhares de pessoas de todas as idades, classes e condições, vindas dos diferentes pontos do país.

Alguns fiéis reclamavam que o pároco, até aquele momento, não havia tomado posição favorável às aparições. E o pároco quis defender-se explicando a escolha de sua conduta:

> A Virgem Mãe não precisa da presença do pároco para mostrar a sua bondade, e é necessário que os inimigos da religião não possam deslustrar o brilho de sua benevolência atribuindo a crença dos povos a presença ou conselho do pároco, porque a fé é um dom de Deus e não dos padres. Eis o verdadeiro motivo da

minha ausência e aparente indiferença em tão sublime e maravilhoso assunto. Eis por que não tenho dado meu claro parecer às mil interrogações e cartas que se me têm dirigido.

Enquanto isso, em Ourém, as três crianças, trancadas em uma sala do gabinete do prefeito, choravam. Principalmente Jacinta. "Não tenho medo de morrer", dizia. "Mas gostaria de ver minha mãe primeiro."

XIII

LÁGRIMAS NA PRISÃO

A notícia do que tinha acontecido naquele dia 13 de agosto na Cova da Iria espalhou-se com grande velocidade não só na região de Fátima, mas por todo o território de Portugal. Segundo as estimativas dos jornais da época, naquele dia, na Cova da Iria, havia pelo menos 15 mil pessoas. Uma imensa multidão. E todos contavam com entusiasmo terem visto os sinais inconfundíveis da presença de Nossa Senhora.

O prefeito de Ourém ficou furioso. Estava ciente de que havia sofrido uma terrível derrota. Ele havia sequestrado e mantido presos os pequenos videntes, mas, mesmo assim, Nossa Senhora tinha comparecido ao encontro na Cova da Iria e se manifestado com sinais clamorosos à multidão, demonstrando o seu carinho a todas aquelas pessoas que tinham ido ao lugar por ela. Quase todos os participantes daquele encontro voltaram para casa convencidos de que as aparições naquele lugar eram autênticas e felizes porque, naquele dia, Nossa Senhora tinha pensado neles. Os pastorzinhos não estavam lá, mas ainda assim ela havia se apresentado ao encontro por todos eles, fazendo-os sentir sua presença com sinais extraordinários, muito mais marcantes e evidentes do que das outras vezes. Permanecera ali, entre eles, por cerca de 10 minutos, a todos proporcionando emoções e profunda alegria.

O prefeito de Ourém, ao ouvir os relatos do ocorrido no local das aparições, quase morreu de raiva. Ele havia sofrido uma nova derrota tremenda. E agora, para livrar a cara diante de seus superiores de Lisboa, deveria forçar aqueles três pirralhos a confessar que eram mentirosos e trapaceiros.

As crianças passaram toda a tarde e a noite na sala, onde ficaram isoladas. No dia seguinte, foram levadas ao gabinete do prefeito e começaram os interrogatórios. Mas os três estavam irredutíveis. O prefeito ameaçava, prometia, tentava assustar. Chegou até a oferecer moedas de ouro.

À tarde, continuaram os interrogatórios, as promessas, as ameaças, as chantagens, mas as crianças mantinham-se inflexíveis. Nunca revelariam o segredo. O prefeito decidiu, então, trancá-los na prisão pública, onde se encontravam detidos os outros delinquentes da região.

"Vou deixar vocês aí até que fique pronta a caldeira de óleo fervente, na qual acabarão seus dias, se não revelarem o segredo", ameaçou.

As crianças estavam convencidas de que o prefeito estava falando sério. Na verdade, elas foram retiradas da sala onde ocorreram os interrogatórios e levadas para a prisão. Ficaram lá até tarde da noite, buscando coragem na oração.

Lúcia, na "Quarta memória" das suas recordações, fez um relato pormenorizado desse dia, centrando-se, sobretudo, no comportamento e nas reações de Jacinta, que, com seus 7 anos, ainda era uma criança. Aquele seu escrito é um documento comovente e extraordinário, que vale a pena citar na íntegra.

Na prisão, o que Jacinta mais sentiu foi a separação dos pais. E dizia, com lágrimas escorrendo pelo rosto: "Nem os seus, nem os meus pais vieram nos ver! Eles não se importam conosco!".

"Não chore", disse-lhe Francisco. "Oferecemos tudo a Jesus pelos pecadores." E, erguendo os olhos e as mãos ao céu, fez a oferta: "Ó, meu Jesus! Pelo seu amor e pela conversão dos pecadores". Jacinta acrescentou: "E também pelo Santo Padre e em reparação pelos pecados cometidos contra o Imaculado Coração de Maria".

Quando, depois de nos terem separado, nos reuniram de novo numa cela da prisão dizendo que logo voltariam para nos fritar, Jacinta se afastou de nós para uma janela que dava para o mercado. Eu pensei, a princípio, que ela se distraía com algo que estava vendo, mas logo percebi que estava chorando.

Fui até ela e perguntei por que chorava: "Porque vamos morrer sem ver nossos pais e nossas mães!", respondeu. E, com lágrimas escorrendo pelo rosto, acrescentou: "Eu queria pelo menos ver a minha mãe!".

"Mas, então, você não quer oferecer este sacrifício pela conversão dos pecadores?"

"Eu quero, eu quero." E, com lágrimas banhando seu rosto, com as mãos e os olhos erguidos para o céu, ela fez sua oferta: "Ó, meu Jesus! Pelo seu amor, pela conversão dos pecadores, pelo Santo Padre e em reparação pelos pecados cometidos contra o Imaculado Coração de Maria!".

Os presos que presenciaram essa cena quiseram nos consolar e disseram: "Mas digam ao prefeito o que ele quer saber. O que importa se essa Senhora não quer?".

"O segredo não", respondeu Jacinta com vivacidade, "prefiro morrer!".

Decidimos, então, rezar o nosso rosário. Jacinta tirou uma medalha que trazia no pescoço, pediu a um prisioneiro que a pendurasse num prego da parede e, ajoelhados em frente à medalha, começamos a rezar. Os prisioneiros rezaram conosco, do modo que sabiam. Pelo menos, permaneceram de joelhos.

Depois do rosário, Jacinta voltou à janela para chorar.

"Jacinta! Você não quer oferecer este sacrifício ao Senhor?", perguntei a ela.

"Quero, sim; mas aí me lembro da minha mãe e não consigo segurar o choro."

Então, como Nossa Senhora nos havia dito para oferecer orações e sacrifícios também em reparação pelos pecados cometidos contra o Coração Imaculado de Maria, decidimos fazer ofertas a Nossa Senhora, cada um de acordo com uma intenção particular: pelos pecadores, pelo Santo Padre, em reparação pelos pecados contra o Imaculado Coração de Maria. Tomada a decisão, disse a Jacinta para escolher a sua intenção.

"Ofereço por todas, porque gosto muito de todas."

Entre os presos, havia um que tocava acordeão. Eles começaram então, para nos distrair, a tocar e cantar. Perguntaram se sabíamos dançar. Respondemos que conhecíamos o "fandango" e o "vira". Jacinta, então, fez par com um pobre ladrão, que, vendo-a tão pequenina, terminou a dança com ela nos braços!

Esperamos que Nossa Senhora tenha tido compaixão de sua alma e o tenha convertido.

O dia 14 de agosto foi de tortura para as três crianças. Tortura dos interrogatórios, que começaram pela manhã e se prolongaram até a noite. Interrogatórios coletivos, isto é, dos três videntes juntos, e individuais, com cada uma das crianças sozinha na frente dos inquisidores. O prefeito, que era um homem rude e sem cultura, utilizava uma técnica que ele acreditava ser infalível. Começava com gentileza, com perguntas familiares e paternalistas, demonstrando amizade, para depois passar às ameaças, aos insultos, tentando aterrorizar suas vítimas de forma bárbara.

O ponto forte de seu interrogatório foram as ameaças de jogar os videntes em uma grande panela cheia de óleo fervente, onde eles morreriam.

As crianças foram conduzidas para uma sala onde o prefeito ou outras pessoas se revezavam, tentando fazê-las falar. Mas não conseguiram.

Tarde da noite, o prefeito fez uma última tentativa, que falhou como as demais, e depois levou as crianças de volta para seu gabinete, onde passaram a noite.

Na manhã do dia 15 de agosto, festa da Assunção, as crianças foram transferidas pelos guardas da administração municipal, da sala onde haviam sido trancadas, para a casa do prefeito, que continuou a interrogá-las. Não conseguindo nada, por volta do meio-dia, levou os pequenos em sua carruagem à residência do pároco de Fátima.

Manuel Marto, pai de Francisco e Jacinta, e Antônio dos Santos, pai de Lúcia, chegaram correndo e levaram os filhos para casa.

Lúcia foi recebida na família com frieza. A senhora Maria Rosa se sentia humilhada com o ocorrido e sofria porque não se falava de outra coisa na cidade. Ela achava que sua família havia perdido a estima das pessoas e culpava a filha por isso.

Lúcia sentia essa frieza e sofria muito. Isso pode ser deduzido de certas frases de seus escritos.

> Ao voltar dessa viagem, ou prisão, não sei bem como chamar, acho que no dia 15 de agosto, como recompensa pela minha chegada em casa, imediatamente me mandaram deixar o rebanho sair e conduzi-lo ao pasto. Meus tios quiseram ficar com os filhos em casa e, por isso, mandaram João, o irmão deles, no lugar.

Palavras amargas, que Lúcia escreveu em 1941. Vinte e quatro anos haviam se passado, mas a dor daquele tratamento frio ainda permanecia presente em sua alma.

O ritmo da vida voltou ao normal. As crianças voltaram a conduzir as ovelhas ao pasto, mas em locais bem próximos de casa. Seus pais estavam preocupados, temiam algum outro sequestro. A senhora Olímpia estava preocupada com Jacinta. A menina não conseguia esquecer a aflição da prisão, à noite tinha pesadelos e acordava chorando. Sabendo que o carinho e a ternura da mãe são os melhores remédios, Olímpia queria que Jacinta passasse algum tempo sem pastorear o rebanho, que ficasse com ela em casa. João, o irmão mais velho, cuidaria do rebanho. Assim se formou um novo trio: Lúcia, Francisco e João.

O dia 19 de agosto era domingo. Teresa, a irmã de Lúcia, e seu marido convidaram os três videntes para almoçar, para distraí-los um pouco. Então, Lúcia, Francisco e João, levaram as ovelhas para pastar de manhã bem cedo e, assim que começou a esquentar, voltaram para casa. Vestiram-se com roupas de festa. Jacinta juntou-se a eles e foram à missa das 10 horas com Teresa e seu marido. Ao final, seguiram para a Cova da Iria, onde pararam para rezar o rosário no local das aparições. Tinham sempre no coração a esperança de ver a Senhora, mas naquela manhã nada aconteceu.

Foram depois almoçar na casa de Teresa. Por volta das 16 horas, voltaram para casa, para levar as ovelhas de volta ao pasto por mais algumas horas. Tia Olímpia quis que Jacinta ficasse com ela, então seu lugar foi ocupado por João, como acontecia há dias.

Lúcia optou por conduzir as ovelhas até "Os Valinhos", um lugarzinho pouco ensolarado não muito longe de casa, onde a grama crescia por baixo das árvores mesmo no verão.

Pouco tempo depois de chegarem ao destino, Lúcia percebeu que a luz do Sol havia escurecido de repente. Ela olhou em volta e seu rosto ficou radiante. Aquele típico fenômeno que sempre precedia as aparições estava acontecendo. Ela comentou com Francisco. Ele também havia notado. Eles também sentiram a brisa característica e viram o raio que vinha do leste.

"Nossa Senhora está chegando", disse Lúcia com segurança. E logo acrescentou preocupada: "Mas Jacinta não está!".

Voltou-se para João: "Vá chamar Jacinta, depressa, diga que Nossa Senhora está chegando".

João olhou para ela, mas não se mexeu.

Lúcia insistiu: "João, por favor, vá chamar Jacinta". Mas ele permaneceu imóvel. "Dou-lhe duas moedas de vinte, se você for", suplicou Lúcia. "Uma agora e uma quando voltar com Jacinta."

Lúcia era uma criança prática. Sabia que João gostava de dinheiro. Então ofereceu a ele uma recompensa. João avaliou a oferta. Como costumava dizer, formulou um raciocínio concreto: "Nossa

Senhora certamente vai esperar para aparecer até que Jacinta esteja aqui. Então, vou chamar minha irmã e ganho uma gorjeta. E, como sou muito rápido na corrida, vou chegar antes dela, a tempo de estar presente na aparição". Ele pegou a moeda que Lúcia lhe mostrava e saiu correndo.

"Mãe, a Lúcia quer que Jacinta vá para 'Os Valinhos'", disse ele, chegando ofegante diante da casa. A senhora Olímpia estava na porta, penteando a menina, que estava sentada em uma cadeira.

"Por quê?", perguntou a senhora Olímpia.

"Lúcia diz que Nossa Senhora está chegando."

O coração de Jacinta disparou. Ela pulou da cadeira. Estava tremendo de emoção. Seu coraçãozinho batia forte. Desvencilhou-se das mãos da mãe e saiu correndo ao lado de João.

Exatamente quando Jacinta alcançou Lúcia, ocorreu o segundo clarão, e a Senhora apareceu ali diante deles. Também desta vez ela escolheu uma azinheira para pousar.

Como de costume, foi Lúcia quem falou com Nossa Senhora.

> "O que quer de mim?"
>
> "Quero que continuem a ir à Cova da Iria todo dia 13 e a rezar o rosário todos os dias."

Referindo-se ao que acontecera naqueles dias, Lúcia pediu a Nossa Senhora que fizesse um milagre para que as pessoas finalmente pudessem acreditar.

> "Sim", respondeu a Virgem. "Em outubro farei o milagre, para que todos acreditem."

Lúcia se recordou da missão recebida de tantas pessoas que pediam que apresentassem seus pedidos a Virgem. Acima de tudo, lembrou-se de alguns doentes.

"Alguns curarei durante este ano", respondeu a Senhora.

A conversa durou cerca de 10 minutos, como de costume. No final, Nossa Senhora, muito triste, disse ainda:

> "Rezem, rezem muito. E façam sacrifícios pelos pecadores, porque muitas almas vão para o inferno, pois não há quem se sacrifique e interceda por elas".

Ergueu seus olhos para o céu e desapareceu.

Jacinta sorria feliz. Francisco também estava radiante. João olhava para eles petrificado.

Um dia, em 1999, o próprio João me contou esse episódio. Ele tinha 94 anos, mas se lembrava de tudo com alegria. Eu o conheci numa viagem a Fátima e foi-me apresentado pelo Padre Valinho, sobrinho da Irmã Lúcia e também parente de João. Passei algumas manhãs com ele, sentado sob uma grande árvore, perto do local de nascimento de seus irmãos, Francisco e Jacinta, em Aljustrel. Conosco estava o Padre Valinho que atuou como intérprete. João era uma fonte de memórias extraordinárias, que narrava com a vivacidade de um adolescente:

> Antes eu nunca tinha participado das aparições, porque não acreditava nos meus irmãos e na Lúcia. Naquela tarde, encontrando-me com eles e tendo visto claramente o súbito rebaixamento da luz do Sol, disse a mim mesmo com alegria: "Finalmente, tenho a oportunidade de poder ver". Por isso não queria ir chamar Jacinta, mas Lúcia me convenceu com o dinheiro.

XIV

NO CORAÇÃO DO SOFRIMENTO DO MUNDO

Todos os dias chegavam pessoas a Aljustrel, que a essa altura já se tornara uma vila famosa.

"Onde fica a casa dos videntes?", perguntavam os visitantes. Depois, esperavam por horas para poder falar com Lúcia, Francisco e Jacinta.

Alguns estavam apenas curiosos. Mas a maior parte era composta de pessoas oprimidas por dores, doenças, dramas interiores, situações de vida desesperadoras, tragédias familiares chocantes. As crianças sabiam que aquelas eram as pessoas mais queridas de Nossa Senhora. Haviam aprendido com ela a amar essas pessoas, a orar por elas. Mas, diante de tanta dor, sentiam-se perdidas. Não sabiam o que dizer. Assim que possível, fugiam do local para não encontrar com elas. Saíam de manhã cedo com o rebanho e tentavam voltar bem tarde. Antes de se aproximarem de casa, examinavam a situação para escapar de quem as estivessem aguardando. Queriam ouvir os necessitados, mas sabiam que, além de rezar por eles, não podiam fazer mais nada. E com a oração eram generosas.

A oração havia se tornado a principal ocupação diária dos três. As ovelhas eram boas e nunca exigiam muita atenção. E, assim, os pequenos tinham muito tempo livre.

Antes, eles passariam esse tempo brincando, mas agora haviam entrado em uma realidade que mudara totalmente suas existências. Não sentiam mais vontade de brincar, de cantar, de se divertir. Só queriam rezar e sacrificar-se pelas intenções que Nossa Senhora lhes havia sugerido.

Acima de tudo, pensavam constantemente no inferno. A visão dramática de 13 de julho, com almas que caíam nas chamas, ainda estava em seus olhos. As recomendações de Nossa Senhora para que rezassem pela conversão dos pecadores estavam mais vivas do que nunca no coração deles. Lembravam-se, em particular, da frase que Nossa Senhora havia pronunciado no dia 19 de agosto em "Os Valinhos", com o rosto cheio de tristeza: "Muitas almas vão para o inferno porque não há ninguém que reze e se sacrifique por elas". As três crianças perceberam nessas palavras a imensa dor de uma mãe que está prestes a perder os filhos e, angustiada, pede socorro.

Desde o início das aparições, eles haviam aprendido a ver o mundo de maneira diferente. Os "pecadores", a quem antes denominavam com certo desprezo por serem pessoas más que ferem os outros e ofendem a Deus, agora se haviam tornado os "pobres pecadores", como dizia Nossa Senhora, manifestando no tom de voz grande compaixão. Entenderam que "os pecadores", para Nossa Senhora, eram filhos com os quais ela se preocupava muito, porque temia perdê-los para sempre. Ela pedia continuamente orações e eles, agora, rezavam com solicitude e paixão.

O tempo passava velozmente. Chegou o dia 13 de setembro. O novo encontro com Nossa Senhora foi um evento grandioso.

Durante dias, a imprensa continuou falando sobre as aparições, criticando, zombando e insultando quem acreditava nelas, sem perceber que obtinham o efeito contrário. Foram os jornalistas, com as polêmicas, as discussões, as condenações, o ódio, que deram publicidade àqueles acontecimentos. As pessoas não estavam interessadas nas discussões, nas opiniões. Estavam fascinadas com os fatos. Os "sinais" misteriosos e inexplicáveis que todos haviam observado durante as aparições irradiavam um fascínio incrível. Nenhuma crítica, nenhuma hipótese levantada para explicá-los racionalmente era convincente. As pessoas acreditavam e corriam para lá.

Na véspera do dia 13 de setembro, Fátima começou a ser invadida por peregrinos. Na noite daquele dia, a região estava cheia de forasteiros. Principalmente a vila de Aljustrel e a Cova da Iria. Em todos os lugares, havia acampamentos ao ar livre. Felizmente, o tempo estava bom. Dormir ao ar livre não era um inconveniente.

A casa de Francisco e Jacinta e a de Lúcia estavam sitiadas. Os legítimos proprietários não sabiam como se defender. Maria Rosa, Olímpia, com seus maridos e filhos, eram pessoas compreensivas, de bom coração, e não tinham coragem de afugentar aqueles intrusos, que eram quase todos sofredores, oprimidos por problemas dolorosos.

Na manhã do dia 13, o número de peregrinos aumentou ainda mais. Era uma chegada contínua de carroças, charretes, bicicletas, grupos de pessoas a pé e até automóveis vindos de longe. Todas as ruas ao redor de Aljustrel estavam congestionadas de meios de transporte estacionados. As pessoas eram quase todas crentes. Poucos eram os curiosos. De fato, aquelas pessoas caminhavam em direção à Cova da Iria, rezando e cantando hinos sagrados.

Lúcia, Francisco e Jacinta permaneceram fechados em casa até as 11 da manhã. Então se prepararam para ir ao compromisso com Nossa Senhora.

Lúcia chegou à casa dos primos. Juntou-se a eles e saíram juntos, acompanhados de seus parentes.

Diante deles aconteciam cenas que jamais imaginariam. Entusiasmo, admiração, fé, mas acima de tudo sofrimento, lágrimas, dor. O sofrimento do mundo. O escondido, o esquecido, o sofrimento que permanece fechado nas casas, nos corações, mas que, diante deles, se abria na esperança de encontrar ajuda.

Anos depois, Lúcia ainda se lembrava com perfeição e emoção daquelas cenas que lhe despertavam tanta piedade. Ela escreveu em sua "Quarta memória":

> Aproximando-se a hora, parti com Jacinta e Francisco, em meio a muita gente, que nos deixava avançar com dificuldade. As ruas estavam lotadas. Todos queriam ver-nos e falar. Não

> havia respeito humano. Muitas pessoas, até distintas senhoras e senhores, conseguindo abrir espaço entre a multidão que se reunia à nossa volta, vinham ajoelhar-se diante de nós, pedindo-nos que apresentássemos a Nossa Senhora as suas necessidades. Outras, sem conseguir chegar perto de nós, gritavam de longe: "Pelo amor de Deus! Peçam a Nossa Senhora para curar meu filho, que é um pobre aleijado!". Outra: "Que cure meu filho, que é cego!". Outra: "O meu, que é surdo!". "Que traga meu marido de volta para casa..."; "Meu filho, que está na guerra!"; "Que eu, pecador, seja convertido!"; "Que me dê saúde, porque estou tuberculoso!". Todas as misérias da pobre humanidade podiam ser vistas ali. Alguns gritavam até de cima das árvores e dos muros, onde haviam subido para nos ver passar. Dizendo sim a alguns, apertando a mão de outros para ajudá-los a se levantar do pó da terra, avançamos muito lentamente, com a ajuda de alguns que abriam caminho no meio da multidão.

Ao longo de sua vida, Lúcia carregou essas cenas em seus olhos e no coração. E, lembrando-se delas depois de tantos anos, ainda se emocionava.

> Agora, quando leio no Novo Testamento aquelas cenas encantadoras da passagem de Jesus pela Palestina, lembro-me daquelas que o Senhor me fez testemunhar nos pobres caminhos e estradas de Aljustrel a Fátima e à Cova da Iria, embora eu ainda fosse tão pequena. E agradeço a Deus, oferecendo-lhe a fé do nosso bom povo português. E penso: se aquelas pessoas se prostravam assim diante de três pobres crianças, apenas por lhes ter sido concedida misericordiosamente a graça de falar com a Mãe de Deus, o que não teriam feito vendo o próprio Jesus Cristo?

Também naquele dia, a aparição ocorreu com o padrão usual. A conversa entre a Virgem e Lúcia durou em torno de 10 minutos. A Virgem disse:

> Continuem rezando o rosário pelo fim da guerra. Em outubro, Nosso Senhor, Nossa Senhora das Dores e Nossa Senhora do Carmelo, São José com o Menino Jesus também virão para abençoar o mundo.

Na "Primeira memória", Lúcia fez uma anotação rápida, que deveria referir-se a essa aparição, mas que geralmente não é mencionada porque parece desligada do contexto da narração. Escreveu:

> Assim se aproximou o dia 13 de setembro. Naquele dia, a Santíssima Virgem, depois do que já nos havia contado, disse-nos: "Deus está feliz com os sacrifícios de vocês, mas não quer que durmam com a corda, usem-na apenas durante o dia".

É uma frase que derrama afetuosa atenção maternal. As crianças, para fazer penitência em reparação dos pecados, cingiam-se com uma corda tosca, com grandes nós que mutilavam a carne tenra. Era um tormento mantê-la amarrada durante o dia, mas era pior à noite. Quando estavam deitados, à dor da carne mutilada se somava o esforço para respirar. E Nossa Senhora interveio para que a usassem apenas durante o dia.

Naquele dia havia cerca de 20 mil pessoas na Cova da Iria. E todos viram o fenômeno da luz que ocorria antes e durante a aparição e os outros sinais inexplicáveis. Em especial, foi notado naquela ocasião um globo luminoso que se movia lentamente no céu, de leste a oeste e, ao final da aparição, na direção oposta.

Ainda nesse dia as pessoas saíram da Cova da Iria maravilhadas e entusiasmadas. O evento, com toda aquela gente, teve uma forte repercussão, não apenas na região, mas em todo Portugal, e também nos países vizinhos, porque muitos estrangeiros haviam vindo de longe. Em Fátima, não se falava de outra coisa. Mesmo aqueles que, devido à passagem da multidão, sofreram danos em suas terras, não reclamavam. Havia felicidade e alegria por todo lado. Exceto na casa de Lúcia.

Aliás, na casa da família Santos haviam regressado o mau humor, as críticas, as censuras, as tristezas, que durante algum tempo pareciam ter diminuído. E a culpa de tudo era colocada na menina.

Lúcia escreveu nas suas "Memórias", recordando aquele 13 de setembro:

> Visto que, nos meses anteriores, o Senhor aparentemente queria manifestar algo extraordinário, minha mãe nutria a esperança de que então, neste dia, os fatos ficassem mais claros e evidentes. Mas, visto que nosso bom Deus, talvez para nos dar a oportunidade de oferecer-lhe mais alguns sacrifícios, não permitiu que nenhum raio de sua glória brilhasse naquele dia, minha mãe desanimou novamente e a perseguição em casa recomeçou.
>
> Eram muitos os motivos pelos quais mamãe sofria. Pela perda total da Cova da Iria, que era um belo pasto para o nosso rebanho, e dos produtos que ali se colhia, às quais se juntava a convicção

> quase certa, como ela dizia, de que os fatos não passavam de puras quimeras e fantasias da imaginação de crianças.
>
> Uma das minhas irmãs quase não fazia outra coisa além de me chamar e ficar no meu lugar pastoreando o rebanho, para me deixar ir falar com as pessoas que pediam para me ver e falar comigo. Essa perda de tempo, para uma família rica, não teria sido nada, mas, para nós, que vivíamos do nosso trabalho, significava muito.
>
> Minha mãe se viu obrigada, não muito depois, a vender nosso rebanho, o que, para o sustento da família, não foi uma perda pequena.
>
> Eu era a culpada de tudo isso e, nos momentos críticos, era repreendida. Espero que o nosso bom Deus tenha aceitado tudo, porque eu lhe ofereci, sempre feliz por poder me sacrificar por ele e pelos pecadores.
>
> De sua parte, minha mãe suportava tudo com paciência e resignação heroicas; e, se ela me repreendia e me castigava, era porque pensava que eu estava mentindo. Às vezes, totalmente resignada com as dores que o Senhor lhe enviava, ela dizia: "Será que tudo isso é castigo que Deus me manda pelos meus pecados? Se for assim, bendito seja Deus!".

A senhora Maria Rosa, que era muito crente, resignava-se à vontade de Deus, mas não desistia de usar todos os meios à sua disposição para corrigir aquela sua filha que considerava mentirosa. Escreveu Lúcia:

> Um dia uma vizinha apareceu para dizer que certos cavalheiros me haviam dado não sei que importância em dinheiro. Minha

mãe me chamou imediatamente e me questionou. Eu dizia que não tinha recebido nada, e ela queria obrigar-me a devolver e, para isso, utilizou o cabo da vassoura. Quando já tinha espanado bem o meu pó, uma das minhas irmãs, Carolina, e outra garota nossa vizinha, chamada Virgínia, intervieram, afirmando que tinham visto bem que ninguém me havia dado nada. Assim defendida, pude retirar-me ao meu poço favorito e oferecer também este sacrifício ao nosso bom Deus.

XV

O MAIOR PRODÍGIO DE TODOS OS TEMPOS

Por seis meses, Nossa Senhora havia repetido aos três videntes que, no dia 13 de outubro, ela faria um grande milagre para que todos pudessem acreditar. As crianças contaram isso às pessoas. A notícia circulava por toda parte, era noticiada nos jornais, criando uma expectativa cada vez maior.

O dia 13 de outubro estava próximo. Todos os que se interessavam nas aparições de Fátima naquele período estavam na mesma expectativa: os que acreditavam nas aparições, para "desfrutar" da presença do sobrenatural; os céticos, para dizer que estavam certos; os inimigos declarados da religião, os ateus, os anticlericais, os maçons, para usar a sua vitória na feroz batalha contra Deus e a Igreja, a qual estava em curso em Portugal após a revolução de 1910.

A espera era, portanto, angustiante. Muito mais do que se pode imaginar depois de tantos anos. Para todas as categorias mencionadas, o encontro na Cova da Iria, no dia 13 de outubro, era obrigatório. E previa-se, portanto, um enorme afluxo de pessoas. Se, em 13 de setembro, os peregrinos tinham sido calculados em cerca de 20 mil, em 13 de outubro os jornais diziam que chegariam ao dobro, pelo menos.

Mas, à medida que a data se aproximava, um medo estranho e inexplicável começou a se espalhar em Fátima e nos arredores. Começaram a circular rumores de bombas, de atentados. Dizia-se que havia anarquistas dispostos a aproveitar aquela grande aglomeração de pessoas para fazer uma sangrenta manifestação contra o governo e contra a religião. A alegria, a surpresa, a euforia, a alegria, a novidade que nos últimos meses os peregrinos haviam trazido com sua presença àquela terra, que sempre fora solitária e esquecida, subitamente desapareceram. Na verdade, transformaram-se em um pesadelo. Em Fátima e Aljustrel, as pessoas agora estavam revoltadas contra os videntes e os culpavam: "Por causa de vocês, todos nós morreremos"; "Vocês são filhos do diabo"; "Seria melhor que lhes tivessem cortado a cabeça".

E descontavam também nas famílias das crianças: "A culpa maior é dos pais desses vigaristas, que não os castigaram".

Os irmãos e irmãs das três crianças tinham vergonha de sair de casa. Seus pais eram apontados na rua.

Manuel Marto e sua esposa Olímpia suportavam silenciosamente a hostilidade da cidade porque acreditavam nos filhos. Mas Antônio dos Santos e Maria Rosa, que nunca acreditaram em Lúcia, estavam muito indignados e insistiam continuamente para que ela se retratasse. "Você precisa dizer que inventou tudo", diziam-lhe mil vezes por dia. "Não posso retratar-me, porque eu vi", respondia Lúcia chorando.

Nem mesmo as irmãs davam trégua à pobre Lúcia: "Por favor, retire tudo, senão morreremos"; "Eles vão lançar bombas e nossas casas serão destruídas".

Religiosos de vilas vizinhas foram chamados para que persuadissem as três crianças a confessar que era tudo uma farsa. Uma tia de Lúcia, que vivia longe de Fátima, veio a Aljustrel assustada: "Ouvi dizer que eles querem matar minha sobrinha", disse. "Eu vim buscá-la. Vou levá-la para minha casa. Somos de outro município e ninguém nos irá fazer mal."

O estresse a que as três crianças estavam continuamente submetidas teria esmagado qualquer um. Mas, ao contrário, elas demonstravam ter nervos de aço. Estavam preocupadas com tudo o que acontecia e, sobretudo, com a dor e o medo que liam no rosto de seus familiares, mas repetiam com serenidade: "Nossa Senhora nos disse que nada de mal vai acontecer".

Na manhã do dia 12 de outubro, mamãe Maria Rosa foi acordar Lúcia de madrugada.

"É melhor irmos nos confessar", disse a ela com uma voz angustiada. "A Senhora não fará nenhum milagre amanhã e as pessoas vão nos matar. É melhor estarmos na graça de Deus."

Lucia sorriu. "Se você quiser se confessar, mamãe", ela respondeu, "estou pronta para acompanhá-la à igreja. Mas não precisa fazer isso por medo de que nos matem. Tenho certeza de que a Senhora fará o milagre amanhã e de que não nos acontecerá nada de mal."

O dia 13 de outubro daquele ano caiu em um sábado. Desde o início da manhã, Fátima começou a ser invadida por gente.

Literalmente invadida. Por volta do meio-dia, não se conseguia mais circular pelas ruas.

O tempo estava ruim. Chovia em todo o planalto da Extremadura. Uma garoa fina e constante, que penetrava na terra e nos ossos. Mas isso não detinha o fluxo de pessoas.

Os principais jornais haviam enviado seus correspondentes. "Não vai acontecer nada", diziam os editores dos jornais, "mas é preciso estar presente. Nunca se sabe."

E, graças aos jornalistas, é possível ter informações precisas e irrefutáveis sobre o que aconteceu naquele dia. Hoje, mais de um século depois, na era da internet, tende-se a referir de forma duvidosa, um tanto irônica, àqueles acontecimentos que relatam fatos antigos, talvez fruto da imaginação de gente ignorante, vítima de uma mentalidade retrógrada. Mas é uma atitude errada. Esse evento, que passou para a história como "o Milagre do Sol", está superdocumentado. É talvez o milagre mais clamoroso que já aconteceu e aquele do qual temos os testemunhos diretos mais numerosos e absolutamente confiáveis.

Lendo esses testemunhos, ficamos surpresos. Os jornalistas, então, eram mais precisos do que hoje. Mais profissionais. Não estavam pressionados pela necessidade de encontrar coisas sensacionais, de vender mais exemplares ou de vencer a concorrência. A ambição deles era a exatidão, o "testemunho da época". No caso específico dos eventos de Fátima, eles foram, se tanto, preconceituosos. Todos os jornais tinham inspiração ateísta e maçônica, e consideravam tais eventos impossíveis e irracionais. Os jornalistas escreveram seus artigos após terem visto e vivenciado os fatos pessoalmente, de modo direto. E quase todos forçados, pelas evidências encontradas em campo, a relatar fatos que eles nunca poderiam ter imaginado. "O Milagre do Sol de Fátima" tem, portanto, uma "literatura documental jornalística" sem precedentes e jamais contestada. Apoiada por testemunhos privados, escritos ou divulgados em tribunais eclesiásticos, por centenas de pessoas, todas testemunhas oculares.

Desde a véspera daquele 13 de outubro, o que surpreendeu a imprensa foi o afluxo maciço de gente.

Apesar dos rumores intimidantes que circulavam, de atentados e coisas assim, curiosos e devotos não resistiram ao apelo do evento.

"As vilas, aldeias e cidades vizinhas ficaram desertas", escreveu o correspondente de *O Dia*.

> Desde o dia anterior, grupos de peregrinos estavam a caminho de Fátima nas estradas. Os pescadores de Vieira abandonaram as casas negras de madeira e as pobres redes à beira-mar. Pelos pinheirais, através das colinas, haviam vindo a pé, com meias de lã nas pernas musculosas, mantos largos sobre os ombros e um saco de provisões na cabeça... Trabalhadores de Marimba, trabalhadores de Monte Real, Cortes, Marrazes, os camponeses das distantes serras de Soubio, Minde, Louriçal, gente de todos os lugares por onde o eco do milagre chegou, saíram das suas casas e campos e vieram para Fátima...

Quantas pessoas eram? No mês anterior, na Cova da Iria, a multidão havia chegado a incríveis 20 mil pessoas. Mas, para este encontro, os jornais falavam em 80, 100 mil pessoas. Apesar do mau tempo, as pessoas chegavam a cavalo, de bicicleta, a pé, de carroça, de carro. Os campos eram poças imensas de lama, as trilhas das mulas estavam intransitáveis. As pessoas tentavam se acomodar como podiam para passar a noite.

Não parava de chover. De manhã, a multidão estava encharcada. As roupas pesavam como se fossem de chumbo. O mau tempo continuava. E as pessoas continuavam chegando.

A multidão que lotou a Cova da Iria tinha dois aspectos distintos. O grupo dos crentes, pessoas imóveis e pacientes debaixo d'água, com os pés enfiados na lama, que rezavam e cantavam. E o dos céticos e curiosos, formado por gente impaciente, tentando se proteger sob as árvores, perto das pedras, praguejando contra o tempo e os videntes e rindo de quem rezava.

As casas de Lúcia e de Francisco e Jacinta foram invadidas por devotos. "Não se podia mandá-los embora", explicou Manuel Marto mais tarde. "Estava chovendo lá fora e aquelas pessoas também procuravam abrigo."

Na casa de Lúcia, a atmosfera hostil havia mudado. Pela primeira vez, a mãe, Maria Rosa, se mostrava muito preocupada com o destino da filha. Ela observava com lágrimas nos olhos a menina, que se vestia. "Não tenha medo, mamãe", dizia Lúcia, notando a angústia da mãe. "Fique tranquila, nada vai acontecer comigo."

Essas palavras não tranquilizaram Maria Rosa. Ela também se sentia culpada por ter repreendido tanto aquela menina. "Se minha filha tem de morrer, quero estar com ela", disse com firmeza em certo momento.

Chamou o marido: "Antônio, vamos para a Cova da Iria com Lúcia".

Saíram de casa por volta das 11 horas. Foram à casa de Marto. Conseguiram entrar com dificuldade.

Manuel e Olímpia, pais de Francisco e Jacinta, ficaram felizes em vê-los. "É preciso coragem", disse Marto. "Com vocês ao nosso lado, sentimo-nos mais seguros."

"Por quê?", perguntou Antônio.

"Amigos nos disseram que o perigo é mais para nós do que para nossos filhos", respondeu Manuel Marto. "As pessoas podem respeitar criaturas tão pequenas, mas podem ficar com raiva de nós. Minha esposa Olímpia está com medo. Continua a se recomendar a Nossa Senhora. Eu não tenho medo. Tenho certeza de que nossos filhos sempre disseram a verdade."

Ao longo do caminho, as cenas do mês anterior se repetiram. Quando as crianças passavam, as pessoas se ajoelhavam no chão e pediam orações. A estrada estava toda enlameada, mas até senhoras enfeitadas e com vestidos preciosos caíam de joelhos chorando.

Jacinta estava preocupada com o pai. Continuava olhando ao redor e repetia com sua vozinha doce: "Não esmaguem meu pai".

A Cova da Iria era uma floresta humana. Viam-se pessoas em todos os lugares. Muitas tentavam proteger-se com guarda-chuvas, mas uma grande quantidade estava de cabeça descoberta na chuva. As mulheres tinham xales ensopados de água na cabeça.

"Deixem passar as crianças que veem Nossa Senhora", diziam os homens que acompanhavam os videntes. As pessoas abriam caminho e olhavam comovidas para as crianças.

Lúcia, Francisco e Jacinta ocuparam os seus lugares, com seus familiares, junto à azinheira. Na verdade, aquela plantinha quase não existia mais. Estava reduzida a um toco, sem folhas nem galhos. Os devotos a haviam adornado com laços de tecido e flores do campo, para esconder seu estado miserável.

Lúcia se ajoelhou para a recitação do rosário. Mas imediatamente se levantou e se virou para as pessoas ao seu redor e gritou: "Fechem os guarda-chuvas e vamos rezar o rosário".

"A menina disse para fechar os guarda-chuvas", ecoaram outras pessoas para fazer a ordem alcançar o mais longe possível. Rapidamente, todos os guarda-chuvas foram fechados. Houve um grande silêncio. A gente imóvel, debaixo da água a cair, respondia em coro às Ave-Marias do rosário entoadas por Lúcia.

Mas a oração foi breve. Lúcia relatou a aparição na "Quarta memória". E o fez como de costume, de forma concisa, seca, essencial, com a preocupação, repetidamente sublinhada nos seus escritos, de narrar com extrema precisão os fatos e, sobretudo, as palavras de Nossa Senhora.

> Pouco depois, vimos o reflexo da luz e imediatamente Nossa Senhora acima da azinheira.
>
> "O que quer de mim?"
>
> "Quero lhes dizer que façam aqui uma capela em minha homenagem; que eu sou Nossa Senhora do Rosário; que continuem

a rezar o rosário todos os dias. A guerra vai acabar e os soldados logo voltarão para casa."

"Eu queria perguntar muitas coisas: se a senhora cura os enfermos, se converte os pecadores..."

"Alguns, sim; outros, não. Eles devem emendar-se; pedir perdão pelos seus pecados."

E adquirindo um aspecto mais triste: "Que não ofendam mais a Deus, Nosso Senhor, que já está muito ofendido".

Em sua "Segunda memória", depois de ter relatado esta frase de Nossa Senhora, Lúcia acrescentou uma observação muito comovente, que é bom conhecer, para entender o que Nossa Senhora acrescentava às suas palavras com o seu tom de voz. Escreveu:

> Dessa aparição, as palavras que mais me marcaram no coração foram as do pedido da nossa Santíssima Mãe do Céu: "Que não ofendam mais a Deus, Nosso Senhor, que já está muito ofendido". Que lamento amoroso e que pedido terno! Oh, se pudesse ecoar em todo o mundo, e se todos os filhos de nossa celeste Mãe escutassem o som da sua voz!

Voltando à história de Lúcia, extraída de sua "Quarta memória", depois da conversa com Nossa Senhora que relatamos, a vidente continuou:

> E, abrindo as mãos, ela as fez refletir no Sol; e, enquanto ela subia, o reflexo de sua própria luz continuava a se projetar no Sol. Aqui está, Excelência Reverendíssima, a razão pela qual gritei para que eles olhassem para o Sol. Minha intenção não era chamar a atenção das pessoas para o Sol, já que nem tinha

consciência da presença delas. Só o fiz movida pelo impulso de uma inspiração interior.

Lúcia, portanto, não havia percebido o que estava acontecendo com o Sol. Lançou esse apelo por uma inspiração interior, sem uma observação objetiva do Sol.

Todos os presentes olharam para o Sol e ficaram pasmos. A descrição do que a multidão viu não se encontra nas várias "Memórias" de Lúcia. Nem mesmo uma menção. É como se essas coisas externas não fossem nada se comparadas à visão direta de Nossa Senhora, de que ela podia desfrutar. A descrição dos movimentos do Sol, "a dança do Sol", encontra-se nos depoimentos dos presentes, nas reportagens dos jornalistas, nos depoimentos juramentados feitos posteriormente nos diversos processos. Uma enorme quantidade de testemunhos e todos concordantes.

O Sol havia atravessado as nuvens e brilhava no céu azul. Mas se mostrava de uma maneira incomum. Girava em torno de si mesmo. Sua luz era intensa, mas todos podiam olhá-lo a olhos nus, sem que os cegasse. Lançava raios de diferentes cores que se projetaram no solo, transformando a paisagem de uma maneira fantástica. A luz ficou azul, um azul irreal. Depois se transformou num amarelo intenso, para imediatamente se tornar azul novamente.

As pessoas ficaram cativadas pelo que viam. Todas caíram de joelhos e de suas bocas vieram gritos de espanto: "Milagre"; "Maravilha"; "O Senhor seja louvado".

Os gritos se espalharam pela Cova como uma imensa prece.

De repente, o Sol começou a dançar. E a pular. Então, ele parou e voltou a dançar e a pular. Ele se desprendeu do céu, precipitando-se em direção à terra. Voltou para cima e para baixo novamente, em um voo aterrorizante, e subiu de novo.

Agora as pessoas estavam com medo: "Oh, Nossa Senhora, socorro"; "Vamos todos morrer"; "Perdoai os nossos pecados"; "Salvai-nos, Senhor".

O terror durou cerca de 10 intermináveis minutos. Então o Sol retomou seu lugar no céu e começou a girar sobre si mesmo, criando um espetáculo de luzes nunca visto antes. Um fenômeno fantástico, e todos os presentes o testemunharam.

Mas, a este maravilhoso espetáculo do Sol, outro fenômeno extraordinário e inexplicável deve ser adicionado. As pessoas, que permaneceram sob a chuva torrencial por horas e horas, tinham suas roupas encharcadas de água. E, de repente, todas as roupas daquelas pessoas ficaram perfeitamente secas. Totalmente secas, como se nunca houvesse chovido. Todas aquelas pessoas se entreolhavam espantadas, tocavam suas roupas, apalpavam-nas, olhavam para o céu, ajoelhavam-se na lama e choravam de emoção: "Santa Maria, padroeira de Portugal, tem piedade de nós, pobres pecadores".

Enquanto isso acontecia e era vivenciado por quase 100 mil pessoas, os três videntes foram arrebatados por visões celestiais. Lúcia contou em sua "Quarta memória":

> Assim que Nossa Senhora desapareceu na imensa distância do firmamento, vimos, ao lado do Sol, São José com o Menino e

Nossa Senhora, vestida de branco, com um manto azul. São José e o Menino pareciam abençoar o mundo, com alguns gestos em forma de cruz traçada com a mão.

Pouco depois, quando essa aparição sumiu, vi o Senhor e Nossa Senhora, que me parecia ser Nossa Senhora das Dores. O Senhor parecia abençoar o mundo, da mesma forma que São José.

Desapareceu essa visão e pensei ter visto Nossa Senhora novamente, com uma aparência semelhante a de Nossa Senhora do Carmo.

Como já se disse, nas "Memórias" escritas de próprio punho por Lúcia não há nada a respeito dos vários fenômenos do Sol. Lúcia e os outros dois videntes não o viram, porque estavam absortos em contemplar diferentes aparições no céu, com significados de outro tipo.

Mas foram esses eventos sensacionais que deixaram uma impressão enorme e inesquecível na multidão. Os testemunhos escritos são numerosos e incontestáveis.

Em primeiro lugar, as reportagens dos jornais. Todos os órgãos de imprensa noticiaram. Até os anticlericais, que haviam enviado a Fátima jornalistas com a ordem de desmascarar as enganações e fantasias ignorantes da população.

Avelino de Almeida, redator-chefe de *O Século*, o maior jornal liberal, anticlerical e maçônico de Lisboa, escreveu:

> O astro lembra uma placa de prata fosca e é possível fitar-lhe o disco sem o mínimo esforço. Não queima, não cega. [...] Aos olhos deslumbrados daquele povo, cuja atitude nos transporta

aos tempos bíblicos e que, pálido de assombro, com a cabeça descoberta, encara o azul, o Sol tremeu, o Sol teve movimentos bruscos nunca vistos, fora de todas as leis cósmicas o Sol bailou, segundo a típica expressão dos camponeses...

O correspondente de *O Dia* escreveu:

Todos choravam, rezavam de chapéu na mão. Foram segundos, momentos que pareceram horas, de tão impressionantes.

Nos dias que se seguiram, os jornais documentaram amplamente que o fenômeno não tinha sido visto apenas na Cova da Iria, mas em vários outros locais, alguns mesmo a centenas de quilômetros de Fátima.

Também esse detalhe demonstra que não se tratou de uma sugestão coletiva. Nos dias que se sucederam àquele acontecimento, muitos testemunhos foram recolhidos pelos jornais das várias províncias. Outros testemunhos vieram depois, por carta. Alguns de personalidades importantes, como o poeta Alfonso Lopez Vieira, que testemunhou o fenômeno em sua casa em São Pedro de Moel, a 40 quilômetros de Fátima.

Não foi uma sugestão coletiva, mas tampouco foi um fenômeno natural, pois nenhum observatório astronômico registrou qualquer anomalia. O fato, observado e visto por pessoas de todas as idades, culturas, classes sociais e religiões, na Cova da Iria e em outros locais de Portugal, não tem explicação de qualquer espécie e deve, por isso, ser considerado um milagre portentoso.

Concluímos com uma narrativa detalhada, meticulosa, feita por um ilustre professor universitário português, então docente da Faculdade de Ciências Naturais da Universidade de Coimbra, José Maria de Almeida Garrett. Ele tinha ido para a Cova da Iria maravilhado com os testemunhos que já ouvira e com a peregrinação de tanta gente. Havia ficado em um lugar bem alto, para ter uma visão panorâmica da imensa multidão. Sua narrativa, redigida nos dias seguintes, portanto, após uma avaliação fundamentada, é um documento irrefutável.

> Deve ter sido às 13h30 quando se elevou, exatamente no lugar no qual se encontravam os meninos, uma nuvem de fumaça, sutil, bonita e azulada, que se estendia uns dois metros acima de suas cabeças, onde se evaporava. Este fenômeno, perfeitamente visível a olho nu, durou uns poucos segundos. Não sei quanto tempo durou este fenômeno; não sei se foi mais ou menos um minuto. A fumaça se dissipou de repente e, pouco depois, voltou a aparecer e, em seguida, uma terceira vez.
>
> O céu, que estava nublado todo o dia, subitamente se clareou; a chuva parou e parecia que o Sol estivesse a ponto de encher de luz o campo que a manhã de inverno havia tornado tão sombrio. Eu olhava o lugar das aparições com uma serena, embora fria, expectativa de que algo tinha que acontecer, e minha curiosidade diminuía, pois já havia transcorrido bastante tempo sem que ocorresse nada que chamasse minha atenção. Alguns momentos antes, o Sol se abriu entre uma camada grossa de nuvens que o escondiam e brilhava então claro e intensamente.
>
> De repente, escutei o clamor de milhares de vozes, e vi a multidão esparramar-se naquele vasto espaço a meus pés... dava as costas ao lugar, que nesse momento era o foco de sua atenção, e eles olhavam para o Sol na direção oposta à minha. Eu também

me voltei para o ponto que atraía o olhar de todos, e pude ver o Sol, como um disco transparente, com os contornos nítidos, que brilhava sem incomodar a vista. Não se podia confundir com o Sol que se vê através de uma nuvem (nesse momento não havia nuvem), pois não estava nem nublado nem tênue. Em Fátima, o Sol conservou sua luz e calor, e se destacava no céu com seus contornos nítidos, parecia uma mesa de jogo. O mais surpreendente era que se podia olhar diretamente para o disco solar, sem que os olhos se machucassem ou que se danificasse a retina.

Durante esse tempo, o disco do Sol não permaneceu imóvel, tinha um movimento vertiginoso; o disco girava ao redor de si mesmo em um furioso redemoinho.

Durante o fenômeno solar que acabo de descrever, ocorreram também mudanças de cor na atmosfera. Ao olhar o Sol, notei que tudo estava escurecendo. Primeiro olhei os objetos mais próximos e, depois, estendi minha vista para o horizonte. Vi que tudo tinha adquirido uma cor ametista. Os objetos ao meu ao redor, o céu e a atmosfera, eram da mesma cor. Tudo tinha mudado, tanto o próximo como o longínquo, adquirindo a cor amarelada do damasco. Parecia que as pessoas sofriam de icterícia, e lembro ter tido uma sensação de diversão ao ver a feia e nada atrativa situação em que se encontravam as pessoas. Minha própria mão era da mesma cor. Então, subitamente, escutei um clamor, um grito de angústia das pessoas. Foi como se o Sol, em seu girar enlouquecido, se desprendesse do firmamento e, vermelho como o sangue, avançasse ameaçadoramente sobre a terra, como se fosse nos esmagar com seu peso enorme e ardente. A sensação durante esses momentos foi terrível.

Todos os fenômenos que descrevi, eu os observei em um estado mental de calma e serenidade, sem transtorno emocional. A outros cabe interpretá-los e explicá-los. Por último, devo declarar que nunca, nem antes nem depois de 13 de outubro [de 1917], observei nenhum fenômeno, atmosférico ou solar, similar.

XVI

UM PEDIDO INCÔMODO

Em 13 de julho de 1917, durante a terceira aparição em Fátima, Nossa Senhora fez uma promessa aos três videntes: "Em outubro direi quem sou, o que quero e farei um milagre que todos verão para acreditar".

Em 13 de outubro, três meses depois, ela cumpriu sua tripla promessa. Ela disse: "Eu sou Nossa Senhora do Rosário; quero que construam neste local uma capela em minha homenagem". A terceira promessa, anunciada com as palavras "farei um milagre que todos verão para acreditar", confirmou-a não em palavras, mas em atos. Lúcia escreveu: "E, abrindo as mãos, fez com que se refletissem no Sol e, ao se levantar, o reflexo de sua própria luz continuou a se projetar no Sol". Ação simples, mas régia. A Rainha dos Céus abre as mãos para o Sol, e o Sol obedece e começa a dançar, a girar, a se mover pela abóbada celeste, criando um espetáculo grandioso que 100 mil pessoas puderam ver por cerca de 10 minutos. É o famoso "Milagre do Sol" de que falamos no capítulo anterior.

Nossa Senhora, portanto, fizera as promessas e as cumprira.

Além de promessas, ela havia feito previsões para os tempos futuros, e nós, depois de mais de um século, somos testemunhas de que tudo se cumpriu.

Algumas dessas previsões foram, no entanto, expressas de forma condicional: "Se fizerem o que eu digo..."; "Se meus pedidos forem ouvidos...". A realização estava, portanto, ligada ao comportamento e à cooperação livres e responsáveis da humanidade. Algumas dessas últimas promessas se cumpriram, outras não.

Ao final das suas várias intervenções, Nossa Senhora pronunciou uma frase especial que, na sua formulação sintática, parece uma "conclusão". A "conclusão" das suas mensagens e da sua "missão" em Fátima.

Em seus escritos, Lúcia relatou essa frase apenas uma vez, na "Terceira memória", ao revelar o texto da segunda parte do grande segredo. Nossa Senhora havia pronunciado essa frase durante a aparição de 13 de julho de 1917, e Lúcia a revelou em 1941:

> Por fim o meu Imaculado Coração triunfará. O Santo Padre consagrar-me-á à Rússia, que se converterá, e será concedido ao mundo algum tempo de paz.

Como se vê, a formulação não é expressa condicionalmente. É afirmativa. Sua realização, porém, se situa em um tempo indeterminado: "Finalmente". Ao final de quê? O que precisa acontecer primeiro?

Uma hipótese seria que, antes dessa conclusão, deveriam ser realizadas as outras predições que Nossa Senhora havia feito.

Imediatamente antes de proferir essa frase, Nossa Senhora havia falado sobre a Segunda Guerra Mundial e as consequências desastrosas que ela traria. Disse que "para impedi-la (a guerra), virei pedir a consagração da Rússia a meu Imaculado Coração e a comunhão reparadora nos primeiros sábados". Em seguida, indicou os erros que a Rússia espalharia pelo mundo, "promovendo guerras e perseguições à Igreja, os bons serão martirizados, o Santo Padre terá muito que sofrer, várias nações serão aniquiladas".

Acontecimentos que, como já vimos ao longo deste relato, realmente ocorreram. Mas não parece que o mundo tenha alcançado aquele maravilhoso e desejado "algum tempo de paz" prometido ("por fim") por Nossa Senhora. Há algo que ainda não foi realizado. Certamente não da parte da Mãe de Deus, mas por parte da humanidade. Nossa Senhora deu as indicações, mas nem todas foram seguidas. Quais?

De acordo com vários estudiosos desses temas, uma das principais condições indicadas por Nossa Senhora e não realizada está contida nas palavras sobre a Rússia. "O Santo Padre consagrar-me-á à Rússia, que se converterá, e será concedido ao mundo algum tempo de paz."

São palavras que não devem ser entendidas em uma chave política, mas que refletem uma situação permanente da Rússia em relação à Igreja de Cristo. Envolvem e comprometem ambas as Igrejas. A Igreja é uma só, é o Corpo Místico de Cristo. Formado por todos aqueles que acreditam nele. Para estar bem, um corpo deve estar harmoniosamente conectado. Jesus, na última ceia, disse que sacrificava a sua vida para que "todos vivessem unidos". Nossa Senhora, com a frase "a Rússia se converterá", não queria afirmar apenas que aquele grande povo redescobriria a fé cristã que havia sido oficialmente banida pelo regime comunista ateu. Ao envolver o papa e todos os bispos (a Igreja, portanto) nesse reencontro, nessa conversão, que consagraria a Rússia ao "Imaculado Coração de Maria", pretendia afirmar que o grande povo russo daria um primeiro e importante passo no sentido dessa unidade desejada por Jesus, para os "seus" que formam com ele o Corpo Místico de Cristo, do qual Nossa Senhora é a Mãe. Como uma mãe poderia "triunfar", isto é, alcançar um momento de imensa alegria em uma família na qual seus filhos estão divididos? O objetivo era, portanto, "a unidade dos crentes em Cristo". Católicos e ortodoxos, irmãos desde sempre, finalmente unidos no amor. Um grande projeto global, que compreendia céu e terra.

Ambos os lados estavam envolvidos nessa operação: a Rússia Ortodoxa e a Igreja Católica. Se o projeto ainda não foi concluído, significa que as duas partes ainda não cumpriram bem a tarefa que lhes foi confiada, mas as palavras de Nossa Senhora, que possuem sentido afirmativo, além de uma solicitação, são também a confirmação de que o projeto se realizará.

Disso estava perfeitamente convencido o Papa João Paulo II, que dedicou os últimos vinte e quatro anos da sua vida à tentativa de alcançar o objetivo indicado por Nossa Senhora, enfrentando imensos sacrifícios físicos e espirituais, sem sucesso.

Já contamos a história do atentado contra a vida do Papa João Paulo II, em 13 de maio de 1981, na Praça de São Pedro. Um atentado quase fatal, ao qual o papa sobreviveu por milagre.

Ele mesmo afirmou várias vezes: "Uma mão disparou e uma mão guiou a bala", indicando claramente que a mão de Nossa Senhora impediu que a bala interrompesse sua existência.

O Papa Wojtyla conhecia as partes do segredo de Fátima que já tinham sido reveladas. Sabia que Nossa Senhora queria que a Rússia reencontrasse a fé em Deus e se tornasse uma parte definitiva do Corpo Místico de Cristo, do qual ela era a Mãe. Como bispo e cardeal, Wojtyla fora um terrível adversário do comunismo russo. E o havia combatido contando sempre com a ajuda de Nossa Senhora, acima de tudo.

Em 1966, a Polônia celebrou mil anos de sua história cristã. Wojtyla estava à frente da diocese de Cracóvia havia dois anos. E quis dar grande relevância a essa data chamando os fiéis a refletir sobre suas raízes religiosas, mas o governo comunista impedia qualquer iniciativa. E Wojtyla entrou em campo abertamente, armado de seu amor por Nossa Senhora, que se tornou um instrumento letal contra o regime comunista.

Wojtyla não era um anticomunista visceral, emocional, político, mas sim em um nível racional e filosófico. Sua concepção do ser humano e de sua dignidade era exatamente oposta à da ideologia marxista-leninista. Os comunistas eram, segundo ele, filhos de Deus como todos os seres humanos e, portanto, seus irmãos. E assim ele os tratava. Mas eram irmãos impregnados de erros e de uma carga destrutiva que ele queria mudar. Opunha-se a eles não com ressentimento, mas com raciocínio baseado em convicções, as quais não podia mudar sem ir contra a verdade. Portanto, suas posições eram firmes como uma rocha.

Os comunistas poloneses, que no início de sua missão como arcebispo acreditavam que ele era mais flexível do que o primaz Wyszyński, descobriram nele um homem de ferro e, portanto, um adversário bastante temível.

Em 1966, quando começaram as celebrações pelos mil anos da Polônia cristã, o arcebispo Wojtyla decidiu que o centro dos eventos deveria ser o Santuário de Czestochowa, o mais famoso santuário mariano polonês, onde é venerada Nossa Senhora Negra.

Essa pintura é o símbolo da história da Polônia. Ao longo dos séculos, os poloneses sempre rezaram diante daquela imagem, quando se encontravam em dificuldades, e Nossa Senhora sempre os protegeu, tanto que essa imagem foi proclamada "Rainha da Polônia". Não há um único polonês que não tenha ido, ao menos uma vez, em peregrinação a Czestochowa. Por isso, Wojtyla queria que as celebrações do milênio cristão fossem dedicadas a Nossa Senhora Negra, que era também o símbolo patriótico da unidade polonesa.

Ele encomendou uma cópia desse retrato, abençoou-a durante uma cerimônia solene e, depois, a enviou em peregrinação por todo o país. A Nossa Senhora Negra visitou paróquias, cidades e famílias polonesas. O povo, vendo aquela imagem, ficava comovido. Em todos os lugares, a imagem era recebida com devoção e solenidade. As pessoas sentiam profundamente o significado daquela peregrinação simbólica da Mãe aos seus filhos. A iniciativa estava alcançando um sucesso retumbante.

Foi um revés para o governo comunista. Era necessário correr para consertar. O governo, então, aprovou uma lei proibindo o trânsito de imagens sagradas. A cópia da pintura de Nossa Senhora deveria retornar a Czestochowa. Wojtyla não desistiu. Decidiu continuar as manifestações como haviam sido programadas. E, como era proibido carregar a imagem da Rainha da Polônia em procissão, deu ordem para carregar em procissão a moldura vazia.

A iniciativa teve o efeito de uma bomba. Aonde quer que chegasse, aquela moldura vazia encontrava uma enorme multidão a dar-lhe as boas-vindas. As pessoas olhavam para aquela moldura e choravam pensando que a "rainha" não podia visitar seu povo. Wojtyla participou de 57 dessas manifestações, fazendo discursos inflamados, que se referiam à história, aos direitos de liberdade religiosa, à dignidade humana.

A luta entre o Cardeal Wojtyla e o comunismo polonês e russo foi terrível, até o último dia em que Wojtyla permaneceu na Polônia.

Quando ele foi eleito papa, os comunistas começaram a tremer ainda mais. Mas não se retiraram da batalha. Continuaram a organizar tramas, inventar denúncias, espalhar calúnias, causando um descontentamento que, depois de um ano, estava ficando pesado.

Em novembro de 1979, fui enviado a Roma pelo jornal onde trabalhava na época, para realizar uma matéria sobre o Papa Wojtyla, um ano após sua eleição.

Depois de apenas um ano de pontificado, João Paulo II havia alcançado popularidade mundial. Os jornais e a televisão haviam contribuído para torná-lo um personagem muito amado.

Fisicamente, parecia um atleta. Sua voz e sua maneira de falar e gesticular eram as de um ator. As ideias, as iniciativas, os projetos, de um inovador, de um intelectual de sólida cultura, que falava 8 línguas e era cheio de imaginação e criatividade.

Essa popularidade foi um fato de enorme importância. Graças à sua fama, cada palavra do papa alcançava uma audiência imensa. E penetrava, embora clandestinamente, também nos países comunistas. Em Moscou, os dirigentes do Partido estavam preocupados. Adotaram várias iniciativas para combater e destruir essa popularidade.

Naqueles mesmos dias, em Roma, as autoridades polonesas e russas haviam organizado uma agência internacional de informação que tinha a tarefa de coletar e divulgar tudo que pudesse desacreditar o papa.

Um dos jornalistas poloneses que fazia parte dessa agência disse, confidenciando a um colega italiano: "A minha tarefa é difícil. Quando me sento à escrivaninha, nunca sei o que escrever. Meus artigos devem respeitar três requisitos: não posso falar bem do papa porque meu governo me proibiu; não posso falar mal porque aconteceria uma guerra civil na Polônia; não posso ficar calado porque ele é o polonês mais famoso do mundo".

Mais tarde se soube que os comunistas russos haviam colocado vários de seus espiões dentro do Vaticano, utilizando-se de padres e até de bispos. E parece que alguns desses padres, espiões de Moscou, formaram uma espécie de base para o atentado a João Paulo II em 1981.

Foi logo depois desse atentado que João Paulo II descobriu o papel que Deus lhe havia reservado no "Projeto Fátima". Um amigo muito querido, o bispo eslovaco Pavel Hnilica, ajudou-o a refletir sobre este "apelo".

Hnilica é um personagem pouco conhecido do grande público, mas extraordinário. Grande herói e grande santo. Filho de camponeses pobres, teve uma vida cinematográfica. Protagonizou secretamente incríveis aventuras, vividas com a alegria e o entusiasmo que vêm da fé. Uma fé genuína, simples, mas concreta, semelhante àquela dos três videntes de Fátima.

Ele foi um conselheiro invisível, um amigo de confiança, um colaborador incansável de João Paulo II nesse projeto acerca da Rússia. E, para entender o quanto foi útil, é bom relembrar alguns dados de sua rocambolesca existência.

Primogênito de 8 irmãos, começou a trabalhar na terra ainda menino, mas sonhava ser padre. Aos 17 anos, a família quis que ele seguisse seu caminho. Retomou os estudos e entrou para a Congregação Jesuíta.

A guerra o obrigou a interromper os estudos para se tornar soldado. E, depois da guerra, quando os comunistas tomaram o poder na Tchecoslováquia, teve início sua especial e extraordinária missão.

Os comunistas consideravam a Igreja um inimigo a ser derrubado e tentaram eliminá-la de todas as formas. Em 21 de março de 1948, estatizaram todos os bens eclesiásticos, incluindo conventos e igrejas. Poucos meses depois, aboliram a imprensa e as associações católicas.

Hnilica contou-me:

> Eu estava secretamente me preparando para o sacerdócio, mas, por estranhas coincidências, também era um "infiltrado" entre os comunistas. Fazia parte da organização comunista de jovens, era um dirigente dos grupos de jovens e estudava russo e filosofia comunista na Universidade de Bratislava.

Em 1949, começaram as prisões em massa de padres, religiosos e freiras na Tchecoslováquia. No final de 1950, a Igreja tchecoslovaca estava paralisada: todos os bispos estavam detidos ou em prisão domiciliar. O plano dos comunistas previa o fim da Igreja na Tchecoslováquia, por falta de renovação. Mortos os padres deportados, tudo estaria acabado.

Os bispos presos decidiram fundar uma "Igreja clandestina". Nasceu, assim, a "Igreja das catacumbas", a "Igreja do silêncio". Era necessário ordenar padres e bispos que não fossem "conhecidos" pelo regime e que pudessem viver fora das prisões como cidadãos comuns e, em grande segredo, continuar a manter viva a fé entre as pessoas.

O primeiro protagonista dessa "Igreja do silêncio" na Tchecoslováquia foi ele mesmo, Pavel Hnilica. Foi escolhido pelos bispos presos, ordenado padre e bispo e encarregado de ordenar outros sacerdotes e bispos.

Segundo me contou,

> devido a uma série de circunstâncias misteriosas que nunca me foram explicadas, a polícia comunista não tinha a documentação completa da minha identidade. Sabiam que eu era estudante

universitário, que fazia parte da organização da juventude comunista, que frequentava a Academia Militar, que era formado em enfermagem, que também frequentava a Faculdade de Medicina, mas provavelmente perderam os papéis referentes ao período anterior à guerra, quando era estudante na Congregação Jesuíta. Todas aquelas minhas atividades jogavam a meu favor. Estava cheio de papéis, autorizações que criavam confusão, permitindo-me certa liberdade de movimento. E assim fui escolhido para ser sacerdote daquela "Igreja do silêncio" que os bispos queriam criar para salvar a fé na Tchecoslováquia.

Foi ordenado sacerdote em 29 de setembro de 1950.

Minha ordenação aconteceu no hospital da cidade de Rožňava. O bispo daquela cidade, Dom Robert Pobozny, estava muito doente e em prisão domiciliar. Com a colaboração de médicos e outros crentes, foi organizada uma consulta médica urgente no hospital. O bispo chegou escoltado por policiais que nunca o abandonavam. O médico, depois de tê-lo examinado por muito tempo, disse que o estado do paciente era muito grave e que era necessária uma avaliação completa na unidade de doenças infecciosas. Os policiais conversaram entre si e decidiram esperar o prelado do lado de fora da unidade. Eu, por outro lado, já estava lá esperando por ele. E, na presença de apenas duas pessoas, uma freira e um seminarista, Dom Pobozny me ordenou sacerdote.

Alguns meses depois, sempre com o mesmo estratagema e sempre no mesmo hospital, Hnilica foi ordenado bispo e iniciou sua missão clandestina.

Eu viajava o tempo todo. Celebrava missas, batizados e casamentos à noite, nos lugares mais inesperados.

Tinha a tarefa de consagrar outros padres e outros bispos. Ou seja, dar vida a uma hierarquia eclesiástica católica clandestina, para manter viva a Igreja.

Mas alguém o traiu.

No final de 1951, soube que havia sido condenado à morte. Recebi a ordem de meus superiores para deixar a Tchecoslováquia, ir para Roma e informar o papa da situação. Na noite de 3 de dezembro, com a ajuda de amigos, consegui cruzar a fronteira atravessando o rio Morava. Cheguei à Áustria e de lá segui para Roma.

Dom Hnilica viveu sempre em Roma, mas continuou trabalhando em favor dos crentes dos países do Leste. Apoiou a "Igreja do silêncio" de todas as formas. De vez em quando, realizava missões secretas nesses países, missões das quais talvez nunca venha a se saber nada. Ele também fundou uma extraordinária congregação religiosa, "Pro Deo et Fratribus". Manteve amizade com João Paulo II, que conhecia bem o martírio da "Igreja do silêncio". Foi grande amigo de Madre Teresa e a ajudou a levar suas freiras para Roma e Moscou. Foi muitas vezes a Fátima para encontrar Irmã Lúcia, a vidente.

Como já disse, foi ele, após o atentado de 13 de maio de 1981, quem chamou a atenção de seu amigo, o Papa João Paulo II, para o fato de que aquele atentado ocorreu exatamente no dia do 64º aniversário da primeira aparição de Nossa Senhora em Fátima.

Já havia falado de Fátima outras vezes com o Papa Wojtyla. A primeira vez foi algumas semanas depois de Karol Wojtyla ter se tornado papa. Eu disse a ele: "Estou feliz com a sua eleição. Tenho certeza de que Deus o escolheu porque você deve fazer a consagração da Rússia ao Imaculado Coração de Maria. Se isso não acontecer, seu pontificado não será completo". E ele respondeu: "Estou pronto para fazê-la, se você convencer os bispos a se juntarem a mim".

Voltei ao assunto quando fui vê-lo na Policlínica Gemelli, após o atentado. "Nossa Senhora se referia ao senhor quando disse em Fátima que o Santo Padre sofreria muito", eu lhe disse. "Todos os papas sempre sofrem muito pela Igreja", respondeu ele.

Ele permaneceu no hospital por mais de dois meses. Surgiam sempre novas complicações e novas infecções. Queria morrer. Dizia que, naquelas condições, não ajudaria muito a Igreja, por isso rezava para que o Senhor o levasse para o céu. Mas sempre acrescentava: "Seja feita a vontade de Deus".

Quando ele finalmente saiu do hospital, dei-lhe de presente uma estatueta de Nossa Senhora de Fátima. Ele a abençoou e beijou-a no coração. Disse-me: "Nestes meses de sofrimento e de luta entre a vida e a morte, compreendi que a única solução para os graves problemas do mundo de hoje é a oração. A humanidade deve ser salva da guerra mortal e do ateísmo militante que se espalha, para depois chegar à conversão da Rússia, como disse Nossa Senhora". E eu lhe lembrei de novo da consagração pedida pela Virgem como meio para conseguir a conversão da Rússia.

No dia 8 de dezembro de 1981, o papa foi celebrar missa em Santa Maria Maggiore. E fez uma oração por todos os países do Oriente, uma oração de "consignação" desses países a Nossa

Senhora. Na sacristia disse-lhe: "Santo Padre, as mensagens de Nossa Senhora de Fátima pedem a consagração da Rússia, não uma consignação". "Eu sei", ele respondeu, "mas muitos teólogos são contra o uso da palavra consagração".

O obstáculo para alcançar essa consagração era, sobretudo, de natureza teológica. Todas as visões, mensagens, comunicações e sugestões relacionadas a ela são consideradas pela Igreja "revelações privadas", que não implicam obrigação de fé, isto é, não fazem parte daquele patrimônio de verdades dogmáticas que são a espinha dorsal da fé e que todo católico deve professar. Por isso, muitos teólogos e muitas autoridades eclesiásticas, embora demonstrem respeito pela fé do povo, não a levam em consideração. Também as mensagens de Fátima, durante muitos anos, tiveram esta acolhida na Igreja, e ainda hoje são consideradas assim por muitos. Teólogos famosos acreditavam ser impossível evitar a guerra, a propagação de erros, a destruição de nações com um simples rito, a consagração da Rússia ao Imaculado Coração de Maria.

Talvez, individualmente, as pessoas pudessem até acreditar nas palavras da Irmã Lúcia. Mas como o papa poderia justificar algo do gênero diante de todo o mundo? O papa também é um chefe de Estado. Propor a consagração da Rússia era como discriminá-la, culpá-la diante do mundo. E não podemos esquecer que não poucos bispos, padres e leigos católicos, especialmente de países do Terceiro Mundo, consideravam o comunismo como uma ideologia social de libertação da classe trabalhadora, do proletariado, dos pobres. Era a época da "teologia da libertação". Via-se no comunismo uma grande esperança. Olhavam para a Rússia e para os países comunistas com simpatia.

João Paulo II, depois do atentado de 1981, estava convencido de que o pedido de Nossa Senhora a respeito da Rússia devia ser realizado. Mas não conseguia encontrar a maneira diplomática certa de fazê-lo. Naqueles anos, o presidente dos Estados Unidos, Ronald Reagan, havia chamado a URSS de "império do Mal". A frase havia dado a volta ao mundo. A iniciativa do papa, portanto, poderia ser mal interpretada, mesmo no contexto específico da Igreja.

Portanto, esperando encontrar a oportunidade propícia para alcançar um entendimento espiritual com todos os bispos, o Papa Wojtyla viajou o mundo realizando, em todas as nações, atos de entrega e consagração de todos os homens, de todas as nações, incluindo a Rússia, que, no entanto, ele nunca mencionava.

No dia 25 de março de 1983, deu início ao Ano Santo da Redenção e, durante esse ano, intensificaram-se os atos de consignação do mundo a Nossa Senhora.

Em 16 de outubro de 1983, também repetiu em Roma, na Praça de São Pedro, com os cardeais e bispos que estavam ali para participar do Sínodo dos Bispos. Nessa ocasião, o papa não estava sozinho, mas rodeado por muitos bispos e cardeais, que rezaram a Nossa Senhora com ele. Foi um novo passo rumo à unidade dos bispos que a Virgem havia pedido e que ele buscava.

Em 8 de dezembro, decidiu fazer a grande tentativa. Enviou uma carta a todos os bispos do mundo, convidando-os a se juntarem a ele, no dia 25 de março de 1984, para realizar o ato de consagração ao Imaculado Coração de Maria.

Era o convite decisivo aos representantes da Igreja universal para finalmente cumprir o pedido de Nossa Senhora sobre a consagração da Rússia. Mas como comunicar essa intenção específica aos bispos?

Tentou convencê-los recorrendo a acrobacias de justaposições conceituais. Aproveitou a festa da Imaculada Conceição, dia em que a carta foi datada, e escreveu: "No dia de hoje, solenidade da Imaculada Conceição, a Igreja medita no poder salvífico da Redenção de Cristo na concepção da Mulher que estava destinada a ser a Mãe do Redentor". E convidou todos os bispos do mundo a se unirem a ele na celebração desse poder salvífico em 25 de março de 1984, festa da Anunciação e aniversário da abertura do Ano Santo da Redenção.

E, então, recorreu a um estratagema para dizer aos bispos que a razão real e específica daquela cerimônia era "cumprir os pedidos feitos por Nossa Senhora em Fátima acerca da Rússia". Inseriu na carta o texto da consagração que havia redigido. Lendo-o, os bispos puderam compreender com clareza a intenção exata do papa. De fato, havia nele um ponto que se referia justamente à Rússia, porém sem a mencionar. Era o ponto no qual o Papa Wojtyla lembrava as duas consagrações feitas por Pio XII: "Há quarenta anos, e depois ainda passados dez anos, o vosso servo, o Papa Pio XII, tendo diante dos olhos as dolorosas experiências da família humana, confiou e consagrou ao vosso Coração Imaculado todo o mundo e especialmente os povos que, pela situação em que se encontram, são particular objeto do vosso amor e da vossa solicitude".

Ao se consultar o texto de Pio XII para a consagração de 1952, descobre-se que a Rússia é explicitamente nomeada. Com efeito, ele dizia naquela fórmula: "Como há poucos anos consagramos todo o mundo ao Coração Imaculado da Virgem Mãe de Deus, assim agora, em modo especialíssimo, consagramos todos os povos da Rússia ao mesmo Coração Imaculado". Era uma mensagem indireta para dizer aos bispos que ele também desejava consagrar a Rússia ao Imaculado Coração de Maria.

Isso é tudo. Sem outras indicações. No entanto, a carta chegava aos bispos após uma longa e delicada negociação diplomática, realizada por Wojtyla por meio de colaboradores de confiança, os quais falaram claramente aos bispos e, portanto, todos sabiam o verdadeiro propósito daquela cerimônia.

Nesse mesmo dia, enquanto o papa rezava em Roma, seu amigo, o bispo tchecoslovaco Dom Pavel Hnilica, deveria estar em Moscou para uma missão muito especial.

Era uma missão secretíssima, concebida pelo Papa Wojtyla e por Madre Teresa de Calcutá. Eles queriam que, ao mesmo tempo em que se realizasse a cerimônia em Roma, um bispo estivesse em Moscou incógnito, possivelmente dentro do Kremlin, para ler a fórmula da consagração.

Naturalmente, Dom Hnilica foi o escolhido.

> Disse que eu era a pessoa menos indicada para fazer tal coisa, porque era considerado o inimigo número um do comunismo nos países do Leste, e na Tchecoslováquia, devido à minha atividade anticomunista, tinha sido condenado à morte. Entrar na União Soviética era impossível para mim, mas, se ele me ajudasse com sua oração, eu estava pronto para embarcar nessa empreitada.

Madre Teresa organizou a viagem de forma que eu estivesse em Moscou no dia 25 de março daquele ano. Ela tinha bons contatos com o cônsul russo em Calcutá. Não sei o que ela lhe disse, mas conseguiu os vistos para mim e para o meu colaborador e duas passagens aéreas. Meu colaborador e eu passaríamos por dois turistas que iam de Calcutá a Roma, via Moscou, e permaneceríamos três dias em Moscou para visitar os museus.

Madre Teresa quis preparar a expedição com muitas orações. Em meados de fevereiro de 1984, fui de Roma para Calcutá e, por um mês inteiro, ela e eu rezamos juntos para que tudo se cumprisse de acordo com nossas intenções. A Madre também fazia as suas irmãs rezarem "por uma intenção particular dela". Além de nós dois, ninguém sabia o que estávamos prestes a fazer.

No dia 23 de março, a Madre nos acompanhou ao aeroporto de Calcutá. Quando me despedi, ela ficou emocionada. Apertou minhas mãos com carinho e quis me dar seu rosário pessoal. Também me entregou uma medalhinha de Nossa Senhora e disse que havia sido especialmente abençoada pelo papa.

A viagem foi tranquila. Chegamos a Moscou às 4 da manhã do dia 24 de março. O funcionário da imigração teve dúvidas sobre a minha verdadeira identidade. Fez muitas perguntas. Então começou a fazer ligações, mas, àquela hora da manhã, ninguém atendia. Em determinado momento, impaciente, carimbou o passaporte e me liberou.

Fomos para o hotel e, depois, começamos a visitar a cidade, com muita discrição, cada um por sua conta. Perguntamos como se poderia entrar no Kremlin. E, coincidentemente, naqueles dias, o Kremlin estava aberto aos turistas.

O Kremlin é uma cidadela, cercada por muros, dentro da cidade de Moscou. Uma espécie de fortaleza que se estende por uma área de 28 hectares. Antigamente, era o coração civil e religioso da cidade. Dentro localizavam-se, de fato, os palácios imperiais e algumas das igrejas mais importantes de Moscou, incluindo a Catedral dos Patriarcas Ortodoxos, também conhecida como Igreja da Dormição de Maria. Após a revolução bolchevique de 1917, essas igrejas foram fechadas ao culto e transformadas em museus.

Meu projeto, acordado com Madre Teresa, era o seguinte: no dia 25 de março, pela manhã, quando o papa em Roma iniciasse a cerimônia de consagração da Rússia, eu iria, como turista, visitar o Kremlin e a Catedral dos Patriarcas. Fingindo estar interessado nos preciosos tesouros de arte ali guardados, entraria em oração e tentaria colocar, em um canto escondido, a medalhinha milagrosa que Madre Teresa me dera.

Naquela manhã, deixei o hotel sozinho. Estava com muito medo. Felizmente, muitos turistas estavam visitando o Kremlin e, em meio a tantas pessoas, me senti um pouco mais protegido. Visitei alguns palácios, parei na Igreja do Arcanjo e, depois, entrei na Catedral dos Patriarcas. Eu a percorri com cuidado, para ver onde poderia colocar a medalhinha.

Apesar de transformada em museu, a igreja estava preservada como era antes e muito bem conservada. Reparei, seguindo a descrição de um guia, que ainda existiam os tronos onde, durante as cerimônias religiosas, o czar, a czarina e o patriarca ocupavam seus lugares. O do patriarca estava no centro. Decidi que colocaria a "medalhinha milagrosa" sob aquele trono, rezando para que o patriarca de Moscou pudesse retornar em breve para celebrar ritos religiosos naquele local.

Aproveitando um momento em que fiquei sozinho naquela igreja-museu, concentrei-me e celebrei a missa em segredo. Isto é, fiz a consagração, usando uma migalha de pão e uma gota de vinho que trouxera comigo. Foram momentos de intensa emoção religiosa. Havia setenta e seis anos que não se celebrava uma missa naquele lugar. Então, muito lentamente, me aproximei do trono dos patriarcas, notei uma pequena rachadura no chão de madeira e coloquei a medalhinha milagrosa nela. Detive-me mais um pouco, rezando, e depois voltei para o hotel, onde meu colega me esperava. À tarde voltamos para a Itália.

XVII

A RESPOSTA DO CÉU

Na manhã de 25 de março de 1984, a Praça de São Pedro parecia um grande santuário mariano ao ar livre.

João Paulo II escolheu aquele dia para realizar a consagração solene do mundo ao Imaculado Coração de Maria. Para a ocasião, fez trazer de Fátima a estatueta de Nossa Senhora venerada naquele Santuário e fez com que fosse exposta junto ao altar, erguido em frente à Basílica do Vaticano. A praça ficou lotada, com cerca de 250 mil fiéis vindos de todas as partes.

João Paulo II, assistido por centenas de bispos, presidiu a solene concelebração eucarística. Dedicou a homilia à família com um discurso apaixonado. No final da missa, parou diante da imagem de Fátima e, de joelhos, pronunciou a oração de consagração.

O texto foi o que ele próprio compôs para a consagração efetuada em Fátima, em 1982, quando se dirigiu como peregrino àquele Santuário para agradecer a Nossa Senhora, que o protegera no atentado.

Como naquela ocasião, ele sabia que não podia dizer abertamente o verdadeiro significado daquela consagração e que, com aquela cerimônia, queria atender ao pedido de Nossa Senhora feito a Irmã Lúcia para consagrar a Rússia ao "Imaculado Coração de Maria".

O pedido havia sido anunciado por Nossa Senhora em 1917 e, depois, feito explicitamente à Irmã Lúcia em 13 de junho de 1929. E era um pedido muito claro. As palavras precisas de Nossa Senhora, referindo-se a Lúcia nos seus escritos, foram: "É chegado o momento em que Deus pede para o Santo Padre fazer, em união com todos os bispos do mundo, a consagração da Rússia ao meu Imaculado Coração".

Palavras tremendas! Era Deus quem "pedia" ao Santo Padre. E pedia-lhe que fizesse essa consagração "em união com todos os bispos do mundo" e ao mesmo tempo. Portanto, "unidade real e total" da Igreja e "unidade temporal" da cerimônia. Para esse pedido, Nossa Senhora tinha sido apenas uma "mensageira" da vontade de Deus.

Lúcia, em suas "Memórias", após relatar o pedido de consagração da Rússia, acrescentou outro detalhe:

> Mais tarde, por meio de uma comunicação íntima, Nossa Senhora me disse, queixando-se: "Não quiseram satisfazer o meu pedido!... Assim como o rei da França, vão se arrepender e fazê-lo, mas será tarde. A Rússia já terá espalhado seus erros pelo mundo, causando guerras, perseguições à Igreja: o Santo Padre terá muito que sofrer".

Essa "comunicação íntima" foi designada pelos peritos no mês de agosto de 1929. Assim, pouco mais de um mês após o pedido de 13 de junho, Nossa Senhora já previa o atraso com que a consagração seria realizada e as consequências que esse atraso causaria. A citação ao rei da França referia-se a um fato histórico, pouco conhecido, mas que realmente aconteceu.

Em 1689, Santa Margarida Maria Alacoque, grande mística francesa apóstola da devoção ao Coração de Jesus, enviou a Luís XIV, o "Rei Sol", uma mensagem contendo quatro pedidos, dizendo-lhe que vinham do Sagrado Coração de Jesus. O rei deveria: inserir o Sagrado Coração de Jesus nos brasões reais; construir um templo em honra do Sagrado Coração; consagrar a França ao Sagrado Coração de Jesus; e se comprometer a obter, com sua autoridade na Santa Sé, o estabelecimento de uma festa em honra do Sagrado Coração de Jesus. Não se sabe se a mensagem chegou ao Rei Sol. No entanto, nada foi feito. A França enfrentava uma crise ampla e profunda, resultado de uma decadência espiritual que, um século depois, levaria à Revolução Francesa. Parece que Luís XVI, descendente do Rei Sol, em 1792, quando estava na prisão do Templo, deposto e condenado à morte pelos revolucionários, concebeu a ideia de um voto ao Sagrado Coração de Jesus, prometendo atender aos pedidos feitos ao seu antepassado, por meio de Santa Margarida Maria Alacoque. Mas já era tarde, e ele foi guilhotinado em 21 de janeiro de 1793.

João Paulo II provavelmente também conhecia esse fato histórico. Deve ter refletido sobre os vários eventos que, ao longo do tempo, pediam a consagração da Rússia. Apresentado por Nossa Senhora em 1929, em 1984 ainda não havia tido um cumprimento adequado. Pio XII o fizera duas vezes, mas nunca seguindo as indicações. Paulo VI havia feito tentativas na época do Concílio para acalmar a tempestade neomodernista de vários padres conciliares, mas com resultados insignificantes.

O Papa Wojtyla já o tinha feito duas vezes: em 7 de junho de 1981, logo que saiu do hospital, e em 13 de maio de 1982, em Fátima, mas também ele não foi capaz de observar as indicações estabelecidas. Já para a consagração de 25 de março de 1984, ele trabalhou com esmero e minúcia. Quanto à informação de todo o corpo episcopal, não havia dúvida: todos os bispos do mundo haviam recebido dele uma carta pessoal, na qual o papa pedia a adesão de cada um e enviava também o texto que leria na cerimônia. Fez com que os que permaneciam em dúvida fossem contatados pessoalmente por seus colaboradores, para dar explicações mais detalhadas. O resultado parecia ótimo. Muitos bispos estavam ali presentes, na Praça de São Pedro, para participar pessoalmente daquela cerimônia solene; muitos outros manifestaram sua adesão por escrito. Ainda havia algumas deserções, mas insignificantes.

No que diz respeito a "nomear a Rússia", as coisas eram mais complicadas. Na verdade, os acordos diplomáticos firmados pelo Vaticano e pela União Soviética na época do Concílio continuavam em vigor e deveriam ser observados.

O Papa Wojtyla teve de adaptar-se. Confiava, portanto, nas intenções internas. E recorreu a termos e frases que indicavam abertamente o real significado de sua ação.

Na sua súplica a Virgem, ele imediatamente evidenciou que se tratava de uma oração da Igreja na sua totalidade:

> Estamos aqui unidos com todos os pastores da Igreja por um vínculo particular, pelo qual constituímos um corpo e um colégio, do mesmo modo que os apóstolos, por vontade de Cristo, constituíam um corpo e um colégio com Pedro.
>
> No vínculo desta unidade, pronunciamos as palavras do presente ato, no qual desejamos incluir, uma vez mais, as esperanças e as angústias da Igreja pelo mundo contemporâneo.

Tentou depois dirigir a atenção para a Rússia. Como já dissemos, ele não podia nomeá-la, mas recorreu a frases e perífrases que a indicavam de forma clara, e se referiu à consagração feita por Pio XII em 7 de julho de 1952, na carta apostólica *Sacro Vergenti Anno* por iniciativa pessoal, portanto, sem ter união com todos os bispos, mas nomeando explicitamente a Rússia (relatamos a passagem específica no capítulo anterior).

Releiamos agora o texto de João Paulo II:

> Há quarenta anos, e depois ainda passados dez anos, o vosso servo, o Papa Pio XII, tendo diante dos olhos as dolorosas experiências da família humana, *confiou e consagrou ao vosso Coração Imaculado todo o mundo e especialmente os povos,* que, pela situação em que se encontram, são particular objeto do vosso amor e da vossa solicitude.

A frase "e especialmente os povos que, pela situação em que se encontram, são particular objeto do vosso amor e da vossa solicitude" tornou-se o *leitmotiv* de todas as consagrações que Wojtyla fez em seguida por todo o mundo. Era a forma de se referir à Rússia, sem nomeá-la explicitamente.

Na tarde daquele 25 de março de 1984, o papa voltou-se para a imagem de Nossa Senhora que havia sido trazida de volta à Basílica de São Pedro. Voltou-se para despedir-se dela, pois devia ser levada para outro lugar. Fez um novo breve discurso, mas muito significativo, para entender o quanto ele se importava com aquela cerimônia, na presença daquela imagem. É verdade, essa imagem era apenas um objeto. Wojtyla, grande filósofo, grande poeta, grande santo, sabia disso muito bem e certamente não era um fetichista. Ele não adorava objetos, mas aquele objeto o ajudava a estabelecer uma relação forte e quase física com a pessoa representada. Sua devoção era tão concreta, real, que se tornava quase visual. Ele deu a entender isso com as palavras de agradecimento ao bispo de Fátima, que havia trazido aquela imagem a Roma. Entrando em detalhes, citando, com indicação meticulosa, os lugares para onde queria que a imagem fosse, ele deu a entender que sua alma estava em contato quase visual com Nossa Senhora, que ele sabia estar presente, ali, à sua frente, em corpo e alma, porque ela está no céu não só com a sua alma, como todos os que morreram, mas também com o seu corpo, como Jesus.

> Agradecemos-lhe [ao bispo de Leiria-Fátima] ter-nos trazido a imagem de Nossa Senhora de Fátima. Todos nos sentimos gratos, todos os romanos, sobretudo o Bispo de Roma. Muito agradecemos esta permanência da imagem de Fátima aqui, no nosso ambiente: antes na Capela Paulina do Vaticano, depois na minha capela particular e na Praça de São Pedro, durante a grande celebração, enfim nesta basílica. Agora, conclui-se nesta basílica a visita de Nossa Senhora de Fátima que irá, a fim de

estar presente também em Roma, para a catedral do Bispo de Roma, a Basílica de São João de Latrão e, depois, também para o santuário do Divino Amor.

E, dirigindo-se diretamente à imagem, mas, na realidade, a Nossa Senhora viva que ele sentia presente, acrescentou:

> Perdoai-nos, Nossa Senhora, perdoai-nos, Mãe de Jesus, se temos que nos encontrar nesta Roma, em diversos sítios e em diversos lugares. Devemos abrir, queremos ampliar a vossa presença nos diversos ambientes desta grande cidade e diocese do papa.

A consagração do mundo e da Rússia a Nossa Senhora, feita na Praça de São Pedro em 25 de março de 1984, deu uma grande alegria ao coração de João Paulo II. Ele estava ciente de ter realizado um desejo de Nossa Senhora. Um desejo talvez difícil de se compreender em sua totalidade. Por isso seus predecessores não lidaram com determinação. Mas Wojtyla estava convencido de que era preciso confiar nas palavras da Virgem que, desde 1929, pedia essa consagração a Irmã Lúcia.

No entanto, ele temia não ter conseguido fazer tudo de modo claro, como Nossa Senhora havia indicado. Essa dúvida o desagradava. Ele pediu a seu amigo de confiança, Dom Hnilica, que consultasse Lúcia. Hnilica, como me disse pessoalmente, no primeiro encontro com a vidente lhe fez uma pergunta explícita e Irmã Lúcia respondeu:

> A consagração foi incompleta, mas válida. Deus está feliz, porque o Santo Padre fez tudo quanto possível.

João Paulo II voltou a ser o "peregrino de Deus" para o mundo.

O atentado havia deixado severas consequências. O sofrimento se apoderou dele. Perdeu seu físico forte, vigoroso e temerário. Os médicos precisaram remover 55 centímetros de seu intestino. Ficou internado na Policlínica Gemelli por 21 dias. Parecia que estava tudo bem, no entanto, apenas um mês depois, foi novamente hospitalizado por causa de uma infecção por citomegalovírus, contraída após uma transfusão durante a cirurgia em 13 de maio. Foi necessária outra longa internação, 55 dias, e uma nova cirurgia, para completar a primeira. Mas a infecção misteriosa não desapareceu e seu físico estava cada vez mais enfraquecido. Wojtyla não reclamava, não parava, o sofrimento havia se tornado sua prece ininterrupta.

Começou a ver a vida com outros olhos. Meditou muito sobre o mistério cristão do sofrimento. Escreveu no livro *Memória e identidade*: "Cristo, sofrendo por todos nós, deu um novo sentido ao sofrimento, introduziu-o numa nova dimensão, em uma nova ordem: a do amor".

Sofrimento como amor. João Paulo II se tornou um missionário do sofrimento. Começou a escalada daquela "montanha íngreme" mencionada no texto do segredo de Fátima. Abraçou sua cruz com arrebatamento, aceitou seu calvário tornando-se semelhante a Cristo. Em outra parte do livro, escreveu: "Vivo na consciência constante de que em tudo o que digo e faço no cumprimento de minha vocação e missão, do meu ministério, acontece algo que não é iniciativa exclusivamente minha. Sei que não sou o único a atuar naquilo que faço como sucessor de Pedro".

E ele tinha sempre o pensamento da Rússia em sua mente. Em todas as suas viagens, encontrava uma forma de repetir a consagração do mundo, da nação onde estava, somando a intenção pela Rússia.

Ele já havia estabelecido para si outra meta a atingir. Nossa Senhora, depois de dizer: "O papa me consagrará à Rússia", acrescentou "que se converterá e o mundo terá um período de paz". Portanto, agora era necessário pensar na "conversão" da Rússia.

Em que poderia consistir a "conversão da Rússia"? A palavra "conversão" significa mudar de direção, de caminho, fazer uma mudança de pensamentos, de sentimentos, de conduta.

No início do século XX, os líderes russos elaboraram e produziram a grande ideologia marxista-leninista do comunismo ateu, impuseram-na ao povo e às nações satélites e, depois, a difundiram a outras nações fora do império soviético. Era um veneno ideológico irrefreável, baseado em princípios dogmáticos. Dom Hnilica, que viveu em meio a esse veneno, afirmava que o comunismo soviético era uma espécie de "corpo místico satânico". Satanás, o Espírito do Mal, o inventou e o manteve vivo. A "conversão" da Rússia, isto é, uma mudança capaz de levar a uma alteração de rumo, era impossível naquele Estado. Nenhuma diplomacia, nenhuma nova ideologia seria capaz de provocá-la.

O Papa João Paulo II sabia disso muito bem. Por isso não fazia planos políticos, não procurava aliados ideológicos, confiava-se a Nossa Senhora e usava a única arma que ela, Nossa Senhora, havia indicado: a oração e o sofrimento suportados por amor.

Os amigos de Wojtyla afirmavam que ele, naqueles anos, havia oferecido a própria vida a Deus pela conversão da Rússia.

Os historiadores concordam que, precisamente naqueles anos, a tensão política entre o Leste e o Ocidente atingiu seu ápice. O mundo estava à beira de uma guerra nuclear, que parecia inevitável. Mas, de repente, ocorreu uma mudança inexplicável. Novos líderes, novas ideias de atuação política, novas orientações, sobretudo nos países do Leste, e em pouco tempo, depois de apenas alguns anos, aconteceu uma revolução sem precedentes: a União Soviética, um dos impérios totalitários mais rígidos e cruéis da história, dissolveu-se. E sem derramamento de sangue.

O primeiro golpe, que causou um choque fatal no grande império soviético, veio de um acidente gravíssimo, ocorrido em maio de 1984, ou seja, dois meses após a cerimônia de consagração da Rússia feita pelo Papa Wojtyla. No arsenal de Severomorsk, no mar do Norte, onde os soviéticos haviam acumulado um incrível potencial bélico, com mísseis para combates aéreos e navais, ocorreu uma terrível explosão com centenas de mortos e a destruição de um quarto dos mísseis antiaéreos da frota ártica soviética. Essa perda privou instantaneamente os russos do controle militar do Atlântico, rebaixando seu poder ofensivo.

Ao mesmo tempo, no espaço de treze meses, morreram os dois últimos terríveis dirigentes comunistas da velha guarda, vinculados às tradições dos métodos stalinistas: Andropov, falecido em 9 de fevereiro de 1984, após apenas dois anos de governo, e Tchernenko, eleito em sua substituição, que chefiou o império por apenas um ano, falecendo em 10 de março de 1985.

Para o lugar de Tchernenko, foi eleito Mikhail Gorbachev. Ele era o membro mais jovem do Politburo e, justamente por causa da idade, havia começado a ter responsabilidades políticas no Partido, depois da morte de Stalin. Era o novo homem do comunismo e tinha grandes ambições reformistas e de modernização. Em etapas sucessivas, a *glasnost* ("transparência"), a *perestroika* ("reestruturação") e a *uskorenie* ("aceleração" do desenvolvimento econômico), Gorbatchev conduziu a União Soviética ao fim da Guerra Fria, detendo a corrida armamentista e eliminando o risco de um conflito nuclear. Em 11 de outubro de 1986, Gorbachev e o presidente dos Estados Unidos, Ronald Reagan, se reuniram em Reykjavik (Islândia) para discutir a redução dos arsenais nucleares instalados na Europa. Em 1987, o tratado de não proliferação nuclear foi assinado. Em 1990, Gorbachev recebeu o Prêmio Nobel da Paz.

Mesmo nunca havendo negado suas ideias leninistas, Gorbachev se abriu ao diálogo também com a Igreja Católica. Em junho de 1988, por ocasião das celebrações do batismo da Rússia, o Cardeal Agostino Casaroli, então secretário de Estado do Vaticano, encontrou-se com Gorbachev em Moscou e lhe transmitiu uma mensagem pessoal de João Paulo II. A cordialidade e a correção que caracterizaram o encontro deixaram claro que, finalmente, o caminho do diálogo estava prestes a ser percorrido. No ano seguinte, Gorbachev esteve em Roma, onde aconteceu o histórico encontro no Vaticano com o Papa Wojtyla.

Entre 1989 e 1990, todos os estados satélites da URSS tornaram-se autônomos e criaram governos democráticos com eleições livres. Começou pela Polônia, seguida pela Hungria, Tchecoslováquia, Bulgária, Romênia e a queda do famoso Muro de Berlim, que dividia em duas uma só nação, a Alemanha. Era o fim da era dos blocos, da Guerra Fria.

As pressões liberalizantes e reformistas de Gorbachev também criaram muitas expectativas nas 15 repúblicas que constituíam o Estado federal soviético. A União Soviética era um complexo de nações e grupos étnicos muito diferentes, mantidos unidos pela força e pela repressão. Mas o vento da tolerância trazido por Gorbachev desencadeou o desejo de liberdade, e a União Soviética também se desintegrou, envolvendo o próprio Gorbachev em seu destino.

Todas essas mudanças repercutiram em todo o mundo, em toda a humanidade. É impossível calcular seu valor objetivo.

Os historiadores as examinam e julgam naturalmente seguindo raciocínios complexos, e isso é certo. Mas não devem ser esquecidos aqueles elementos misteriosos que indicam, para aqueles que estão abertos às dimensões extratemporais da realidade humana, que estranhas forças particulares, provenientes do mundo espiritual, talvez estivessem relacionadas a tudo isso.

Alguns estudiosos de inspiração católica encontraram sinais e coincidências que relembram as profecias de Nossa Senhora feitas em Fátima, em 1917, e veem nesses sinais a marca da Providência e da própria Nossa Senhora. Observando as datas dos eventos mais importantes dessa enorme mudança, verifica-se que eles ocorreram em dias muito significativos para os católicos, como as celebrações de Cristo, de Nossa Senhora ou recorrências de eventos extraordinários. O incêndio do arsenal de Severomorsk, por exemplo, ocorreu no dia 13 de maio, aniversário da primeira aparição de Nossa Senhora em Fátima e do atentado ao papa na Praça de São Pedro.

A União Soviética deixou de existir quando os presidentes da Rússia, Ucrânia e Bielorrússia, ao final de uma reunião, anunciaram formalmente a sua dissolução: e isso aconteceu em 8 de dezembro de 1991. O dia 8 de dezembro é a festa da Imaculada Conceição e vem à mente a lembrança da convocação para a consagração da Rússia ao Imaculado Coração de Maria, tão solicitada por Nossa Senhora e Jesus, por intermédio da Irmã Lúcia, e realizada por João Paulo II.

O sinal definitivo que indicava o fim e a derrota do comunismo soviético veio no dia em que a bandeira vermelha que havia ondulado no Kremlin por muitas décadas foi baixada e a bandeira nacional russa foi hasteada em seu lugar. E isso aconteceu em 25 de dezembro de 1991, dia em que a Igreja Católica celebra uma das festas religiosas mais importantes do mundo, o nascimento de Jesus.

Coincidências, poder-se-ia dizer. Mas também poderiam ser sinais.

Em 1991, décimo aniversário do atentado ao papa na Praça de São Pedro, João Paulo II regressou como peregrino a Portugal. A viagem decorreu de 10 a 13 de maio. O Papa Wojtyla sabia que não poderia celebrar aquela data em qualquer outro lugar além de Fátima. Não só porque estava convencido de que Nossa Senhora de Fátima lhe salvara a vida, como já havia afirmado várias vezes, mas também porque o atentado, ocorrido no dia 13 de maio, lhe havia aberto os olhos para a realidade de Fátima. Sobre a importância do que Nossa Senhora havia dito em 1917, e que depois se concretizou. As últimas realizações tinham acabado de acontecer, ele mesmo era uma testemunha direta, e não tinha temor ou hesitação em reconhecê-lo publicamente.

Aliás, essa foi a principal razão da sua nova visita a Fátima. Nessa peregrinação, as vicissitudes pessoais e a graça da vida obtida por intercessão da Virgem ficavam em segundo plano, porque a queda do império soviético era muito mais importante.

Logo que chegou a Portugal, o Papa Wojtyla disse:

> Venho a Portugal para me dirigir pela segunda vez a Fátima, a fim de agradecer a Nossa Senhora a proteção dada à Igreja nestes anos, que registraram rápidas e profundas transformações sociais, permitindo abrirem-se novas esperanças para vários povos oprimidos por ideologias ateias que impediam a prática da sua fé. Leva-me ainda a esse Santuário o desejo de renovar a minha gratidão pela especial proteção da Virgem Mãe, que me salvou a vida no atentado de há dez anos, mais precisamente em 13 de maio de 1981, na Praça de São Pedro.

Antes de agradecer a Virgem por lhe ter salvado a vida, quis agradecer "as rápidas e profundas transformações sociais" que ocorreram nos países do Leste. Não tinha dúvidas, portanto, de que tudo o que havia acontecido na União Soviética e no mundo devia ser atribuído à proteção de Nossa Senhora.

Muitos dos peregrinos presentes em Fátima com o papa recordavam o tom dramático dos discursos que havia proferido naquele Santuário em maio de 1982. E ficaram maravilhados ao ouvirem que agora, ao contrário, ele falava com grande serenidade. As suas primeiras palavras, assim que tocou em solo português no aeroporto de Lisboa, foram uma espécie de *leitmotiv* alegre: "Com grande alegria, volto a este Portugal bem-amado...". E, durante os três dias da sua permanência, esse estado de espírito sereno e confiante não mudou.

Claro, João Paulo II não esquecia a realidade contingente do ser humano. Suas palavras ainda denunciavam situações graves, desvios morais, perigos. Ao receber o Corpo Diplomático em Lisboa, aconselhou veementemente:

> Seja assegurado o respeito dos direitos humanos sempre e em toda parte, não só por motivos de conveniência política, mas em virtude do respeito profundo que é devido a toda e qualquer pessoa, por ser criatura de Deus, dotada de uma dignidade única e chamada a um destino transcendente.

Dirigindo-se aos jovens em São Miguel, uma ilha dos Açores dedicada a São Miguel, o Arcanjo que derrotou os anjos rebeldes, falou abertamente do "demônio", da luta que se deve empreender contra o Maligno, "o primeiro arquiteto do Mal":

> É preciso remontar constantemente às raízes do Mal e do pecado, atingir os seus mecanismos escondidos. Jovens, vós sois fortes e vencereis o Maligno, se "a Palavra de Deus permanecer em vós". Deste modo, conseguireis gradualmente modificar o

mundo, transformá-lo, torná-lo mais humano, mais fraterno, rumo à civilização do amor.

Recomendações, advertências, conselhos, mas sugeridos com serenidade, otimismo, confiança. Para fazer compreender melhor o seu pensamento e seu estado de espírito, recordou um episódio da vida de Santo Agostinho:

> Perante as convulsões que sacodem aqui e além os diversos continentes, em face do ritmo apressado da substituição de coisas e de valores, abalando as certezas e até a vida das nações, faço minha a esperança de Santo Agostinho, diante do assalto dos vândalos à cidade de Hipona, quando um grupo alarmado de cristãos da sua Igreja o procurou: "Não tenhais medo, queridos filhos!", sossegou-os o Santo Bispo, "isto não é um mundo velho que acaba, é um mundo novo que começa".
> Uma nova aurora parece despontar no céu da História, convidando os cristãos a serem luz e sal de um mundo que tem enorme necessidade de Cristo, Redentor do homem.

Nove anos antes, naquele mesmo lugar, com a voz marcada pela angústia, João Paulo II havia clamado a Virgem de Fátima: "Da guerra nuclear, de uma autodestruição incalculável e de toda espécie de guerra, livrai-nos!".

Agora, em vez disso, ele dizia: "Uma nova aurora parece despontar no céu da história".

O perigo apocalíptico de uma guerra nuclear havia passado. As tensões entre o Oriente e o Ocidente haviam se dissolvido, afastando o que dez anos antes parecia inevitável. E era lógico que a angústia tivesse dado lugar a uma grande esperança no coração do papa.

Na esplanada de Fátima, naquele 13 de maio, havia nada menos que um milhão de peregrinos. Disse o papa:

> De Fátima parece irradiar uma luz consoladora e cheia de esperança, que ilumina os fatos que caracterizam o final deste Segundo Milênio. Os acontecimentos, que marcaram 1989 e os primeiros meses de 1990, causaram uma verdadeira virada histórica neste difícil século XX. Abre-se agora uma perspectiva inédita na jornada das nações.

Em declarações aos bispos de Portugal, disse: "Muitas coisas vão mudar no panorama europeu e mundial".

Estavam presentes embaixadores de vários países, entre eles Gennady Gerasimov, ex-porta-voz do Kremlin, que se tornara representante soviético em Lisboa. Havia muitos jovens vindos da Rússia e dos países da ex-União Soviética. A televisão russa transmitiu, com atraso, parte das cerimônias que aconteceram no Santuário. E esses também eram sinais absolutamente inimagináveis alguns anos antes.

No final da longa cerimônia eucarística, João Paulo II quis repetir o ato de entrega e consagração que, desta vez, teve como principal objetivo o "agradecimento" a Nossa Senhora pelo que havia acontecido. Mais uma vez, a Virgem Maria se mostrou uma mãe carinhosa com seus filhos, ela os havia salvado, e o papa queria exaltar e engrandecer essa sua terna maternidade:

> Santa Mãe do Redentor, Porta do céu, Estrela do mar, socorrei o vosso povo que anela por erguer-se! Uma vez mais nos

dirigimos a vós, *Mãe de Cristo e Mãe da Igreja*, ajoelhados a vossos pés aqui na Cova da Iria, para vos agradecer por tudo quanto fizestes nestes anos difíceis pela Igreja, por cada um de nós e pela humanidade inteira.

Monstra te esse Matrem! Quantas vezes vos invocamos! E hoje aqui estamos a agradecer-vos, porque sempre nos escutastes.

Na sua longa e comovente oração, João Paulo II agradeceu a Nossa Senhora por ter mais uma vez se mostrado "Mãe" e por ter salvado os seres humanos. Ele não tinha dúvidas de que a intervenção da Virgem havia evitado a catástrofe nuclear. Para obter aquela graça, tinha rezado muito fervorosamente em sua viagem anterior a Fátima e havia feito muitas orações pelo mundo. Ele também havia realizado a consagração do mundo, que a própria Virgem havia pedido.

Em várias publicações há frases atribuídas à Irmã Lúcia, frases que confirmariam a convicção do Papa Wojtyla de que Nossa Senhora havia salvado o mundo de uma catástrofe nuclear. Fala-se de uma carta que a freira teria escrito e de uma declaração que teria feito em uma de suas raras entrevistas.

Dom Tadeusz Kondrusiewicz, que depois da queda do comunismo se tornou o administrador apostólico de Moscou e de toda a Rússia, relacionou as mudanças nos países do Leste a essa consagração. Peregrinando em Fátima, em 13 de outubro de 1991, foi entrevistado pela *Voz de Fátima* e disse: "Estou convencido e afirmo que tudo está ligado à consagração do mundo ao Imaculado Coração de Maria, feita por João Paulo II em 1984".

Também nessa ocasião, escreveu no livro dos ilustres convidados do Santuário:

> Em 1917, no ano do advento do comunismo e do ateísmo beligerante na Rússia, Maria anunciava em Fátima o regresso da Rússia a Deus. Depois de setenta e quatro anos de penosas e sangrentas provas, a Rússia desperta e volta o seu olhar para Deus... Agradeço a todos aqueles que, ao longo de três gerações, rezaram pela conversão da Rússia da qual somos testemunhas.

A alegria de João Paulo II e sua gratidão a Nossa Senhora pelo ocorrido refletem-se também numa iniciativa que pretendia concretizar enquanto estava em Fátima.

Estava agendado para Roma, de 28 de novembro a 14 de dezembro daquele ano, o Sínodo dos Bispos, e João Paulo II quis enviar uma carta de Fátima a todos os bispos da Europa. O pretexto era "destacar alguns aspectos" relativos à "preparação da Assembleia Especial para a Europa do Sínodo dos Bispos". Mas é claro que aquela carta, um ato oficial de seu ministério, ele poderia ter escrito de Roma, em seu retorno. Mas queria enviá-la de Fátima justamente para sublinhar a importância dos acontecimentos que ainda estavam em curso para a história da Igreja. Em 1984, pediu a todos os bispos do mundo que se unissem a ele no dia 25 de março, quando fez a consagração do mundo e da Rússia ao Imaculado Coração de Maria. Agora agradecia e era como se estivesse querendo lhes dizer: "Viram? Fizemos bem em ouvir o pedido da Virgem. Vejam como ela nos retribuiu".

No início dessa carta, João Paulo II afirmou que o Sínodo dos Bispos queria "responder aos sinais dos tempos", e indicou quais eram os sinais dos tempos, ou seja, todos os acontecimentos relacionados aos fatos sucedidos entre 1989 e 1991.

> Esta assembleia, na perspectiva do já iminente início do Terceiro Milênio desde o nascimento de Cristo Senhor, quer responder aos sinais dos tempos, nos quais se manifesta para nós a misericordiosa Providência Divina. O próprio lugar de onde anunciou a convocação, Velehrad, na Morávia, vinculado à Missão dos Apóstolos dos Eslavos, alude à importância e aos motivos da reunião. Também fala disso a data, 22 de abril de 1990, tão próxima e conectada à nova situação, criada com os acontecimentos dos últimos meses de 1989.

Os eventos da história, nas várias nações do mundo, continuaram seu curso. Não tão claro e linear quanto o papa esperava, mas caótico, como sempre foi. Não aconteceram mudanças milagrosas na vida dos povos, mas ainda mais guerras, atentados terroristas, massacres, mortes, feridos, sangue, ódio, fome, injustiças. Muita, muita dor. E João Paulo II não desanimou, não se sentiu desmoralizado, mas continuou a sua tarefa, a sua missão.

XVIII

O SONHO INACABADO

A esperança manifestada por João Paulo II nos seus discursos em Fátima, durante a sua segunda peregrinação àquele Santuário, em 13 de maio de 1991, surpreendeu muitos observadores. A frase "De Fátima parece irradiar uma luz consoladora e cheia de esperança", que proferiu com grande ênfase diante de um milhão de peregrinos, era repetida como um *slogan*. Fátima foi indicada por Karol Wojtyla como um ponto de referência para um mundo novo, o mundo do Terceiro Milênio cristão.

João Paulo II estava plenamente convencido de que as extraordinárias mudanças ocorridas naqueles anos no mundo comunista eram atribuídas à proteção materna de Nossa Senhora, e assim dizia. Mas ele também sabia que o Mal, ou melhor, o Maligno, não havia sido derrotado. Satanás, o "Príncipe deste mundo", talvez tivesse perdido uma batalha, mas estava sempre à espreita, preparando outros enganos e lisonjas para confundir e distanciar os seres humanos da verdade da salvação. O papa havia dito isso em Fátima, falando aos jovens: "Vós vencereis o Maligno, se a Palavra de Deus permanecer em vós. Dessa forma, podereis gradualmente mudar o mundo, transformá-lo, torná-lo mais humano, mais fraterno, a civilização do amor".

O Santo Padre havia consagrado a Rússia a Nossa Senhora. O comunismo havia caído. Os povos da ex-União Soviética podiam agora redescobrir a fé de seus pais. Os poucos que a haviam mantido no segredo de seus corações podiam proclamá-la abertamente. Mas, com a liberdade religiosa, ressurgiam os antigos problemas de divisão dos crentes. Divisão entre católicos, ortodoxos, protestantes, ou seja, divisão entre os seguidores do mesmo Deus, do mesmo Salvador Jesus, entre os crentes da mesma fé. Em um mundo globalizado como o moderno, onde as políticas pressionam as nações a buscar congregação e colaboração para serem mais fortes, as divisões entre os cristãos se tornam quase inconcebíveis.

Os cristãos condenam o ateísmo, o materialismo, a indiferença religiosa, mas depois vivem divididos entre si, não pensam que a divisão entre irmãos, em certo sentido, é pior do que o ateísmo, que o materialismo, que a indiferença religiosa. A Igreja dos crentes constitui o Corpo Místico de Cristo. Quando os crentes estão divididos, eles destroem o Corpo Místico de Cristo, ferem-no, matam-no.

O coração de uma mãe não pode triunfar quando seus filhos estão divididos dentro da família. Portanto, o caminho, para chegar à conclusão indicada por Nossa Senhora em Fátima, ainda se apresentava longo e difícil. João Paulo II sabia disso. Mas tinha fé nas promessas da Virgem. Os acontecimentos já verificados eram prova de que Nossa Senhora era uma mãe carinhosa e atenciosa. Assim, era necessário continuar.

O novo objetivo era, portanto, o abraço com os irmãos ortodoxos. Era necessário ir a Moscou.

Ao longo da história do cristianismo, Moscou esteve frequentemente em contradição a Roma. Alguns a chamaram de "Terceira Roma", por ser o centro mais importante do cristianismo, depois de Roma e Constantinopla.

O patriarca da principal Igreja Ortodoxa reside em Moscou. Por várias razões históricas, que demandariam uma longa explicação, aquela Igreja foi a que mais relutou em dialogar com a Igreja de Roma. E, especialmente depois do colapso do comunismo, essa relutância parecia muito forte.

Algumas das viagens realizadas por João Paulo II naqueles anos diziam respeito às nações do Leste europeu, libertadas dos regimes comunistas. O papa esteve na Albânia, Croácia, Bósnia-Herzegovina, Lituânia, Letônia, Estônia, República Tcheca, Eslovênia, Hungria, Bulgária, Azerbaijão, Eslováquia, Ucrânia, Geórgia, Armênia, Cazaquistão. Em cada uma dessas nações, ele buscou um abraço com os ortodoxos como forma de enviar uma mensagem ao patriarca de Moscou. Mas Moscou não recebia. Era uma fortaleza inexpugnável.

Como sempre, o papa se apegava à ajuda de Nossa Senhora. Em cada nação, ele se detinha nos vários santuários marianos. Conhecia todos. Visitou todos. Orou sinceramente em todos.

Mas Moscou era sempre inacessível. João Paulo II nunca perdeu, nem por um instante, a esperança de alcançar aquela meta. Mas os sofrimentos e o peso dos anos já o esmagavam. As consequências do atentado de 1981 foram piorando. Nos últimos tempos, outros problemas físicos surgiram. Wojtyla parecia estar sendo perseguido pelo sofrimento. Parecia que o Maligno, incapaz de influenciar seu espírito, sua coragem, impedir sua ação a serviço das mensagens de Nossa Senhora, tentava destruir seu corpo.

Depois da queda do regime comunista nos países do Leste, à medida que o papa se aproximava cada vez mais de Moscou, o tormento diabólico tornou-se ainda mais intenso.

Em 11 de julho de 1992, João Paulo II foi submetido a uma nova cirurgia para remoção de um tumor benigno no intestino.

Em 11 de novembro de 1993, escorregou no Salão das Bênçãos do Vaticano, teve um deslocamento do ombro direito e retornou à Policlínica Gemelli.

Em 7 de abril de 1994, tropeçou em uma viagem ao Gran Sasso (região dos Abruzos, na Itália central) e sua mão direita foi engessada.

Na noite de 28 de abril de 1994, escorregou no banheiro de seu apartamento e fraturou o colo do fêmur direito.

Em 25 de dezembro de 1995, enquanto estava na janela de seu apartamento para a bênção "Urbi et Orbi", se sentiu mal e teve que entrar. Voltou a se apresentar para a multidão 20 minutos depois, dizendo: "Desejo-lhes novamente um Feliz Natal, e, por favor, me perdoem: até o papa pode ficar doente".

Em 6 de outubro de 1996, foi hospitalizado novamente para uma apendicectomia e também foram removidas sua vesícula biliar e algumas aderências intestinais.

Em 12 de janeiro de 1998, sentiu uma tontura e perdeu o equilíbrio na Capela Sistina.

Em 12 de junho de 1999, em uma visita à Polônia, caiu enquanto estava na Nunciatura de Varsóvia e feriu-se acima da têmpora direita.

Três dias depois, em 15 de junho, teve uma febre, foi confinado ao leito e a missa pelos mil anos do bispado de Cracóvia foi celebrada pelo secretário de Estado, o Cardeal Angelo Sodano.

Acidentes, hospitalizações, cirurgias, mas era a doença de Parkinson, a nuvem escura que pairava cada vez mais ameaçadora sobre a existência de Wojtyla. Os primeiros sintomas apareceram no final dos anos 1980. Diversas vezes, nos anos 1990, circularam boatos e hipóteses sobre essa doença, sobretudo porque as imagens implacáveis das câmeras revelavam seu crescente sofrimento, intensificado pelas recorrentes debilitações devido às doses maciças de antibióticos. A doença progredia inexoravelmente. A mão esquerda do papa tremia cada vez mais. A mobilidade de seu rosto desaparecia. O rosto parecia engessado. A fala tornava-se cada vez mais difícil. Apenas os olhos continuavam a brilhar.

O Papa Wojtyla havia se tornado uma máscara de sofrimento. Mas continuou sua missão, sem se deixar abater. Nunca escondeu seu mal. Nunca pediu para não aparecer em primeiro plano na televisão. O mundo inteiro testemunhou a devastação progressiva do mal de Parkinson no rosto do papa. Seus lábios se tornaram incapazes de articular palavras e conter o fluido salivar. Muitos crentes assistiam horrorizados às imagens televisivas. Qualquer um, com sentimentos de compaixão, esperaria que Wojtyla renunciasse. Mas ele conhecia bem a missão que lhe fora confiada e nunca considerou a possibilidade de retirar-se. Ele repetia: “Ficarei no meu cargo até quando Deus quiser"; "Jesus não desceu da cruz. E eu também não".

Permaneceu na cruz até o fim. Morreu na cruz. E sem ver seu sonho para a Rússia se tornar realidade. Nada fez os ortodoxos fiéis ao patriarcado de Moscou demoverem-se de suas posições. Não queriam dar crédito ao velho, ao pontífice Romano. Moscou permaneceu para o Papa Wojtyla "um sonho inacabado". Dessa batalha ele saiu derrotado.

É um dos mistérios da vida de Karol Wojtyla. Toda a sua existência decorreu à luz do segredo de Fátima. Ele, o papa eslavo, havia contribuído de forma determinante para fazer ruírem as ideologias ateístas do século XX. Principalmente nos países do Leste. Parecia que sua viagem a Moscou, o abraço com o patriarca ortodoxo, o triunfo de Nossa Senhora naquele país eram a conclusão lógica de tudo que havia acontecido. Mas não foi assim. Não foi concedido ao Papa Wojtyla ver a conclusão positiva do segredo de Fátima. Aquelas frases de Nossa Senhora, cheias de esperança, "Por fim, o meu Imaculado Coração triunfará... e será concedido ao mundo algum tempo de paz", não se cumpriram para ele.

No horizonte, entretanto, uma luz surgia. Muitos católicos e também muitos ortodoxos acreditavam nos ideais de Wojtyla e nas promessas de Nossa Senhora de Fátima. E, em Roma, como em Moscou, muitos trabalhavam incansavelmente para que elas se realizassem. Altas personalidades da Igreja Católica e altas personalidades da Igreja Ortodoxa Russa relacionavam-se e estavam em comunhão de propósitos. O próprio Patriarca Alexis II almejava o mesmo objetivo sonhado por Wojtyla, mas se via envolvido em difíceis situações históricas, políticas e ideológicas, que não lhe permitiam agir como desejava e julgava conveniente.

Mas ele já tinha em vista uma data. Em 10 de junho de 2005, Alexis II celebraria os quinze anos de sua eleição como patriarca da Igreja Ortodoxa Russa. Seus colaboradores queriam organizar uma grande festa, convidando os chefes das várias Igrejas cristãs do mundo. Pensaram em também convidar João Paulo II. Alexis concordou. Wojtyla, consultado, dera sua anuência. O projeto estava em andamento. Mas, por razões que não conhecemos, não se realizou. A doença do papa destruiu as esperanças. João Paulo II foi para a casa do Pai no dia 2 de abril de 2005. Talvez não houvesse chegado o momento certo para aquele abraço histórico.

XIX

FÁTIMA PARA SEMPRE

A mensagem que Nossa Senhora trouxe ao mundo há mais de um século, com as aparições em Fátima, está concluída? É um fato histórico ocorrido em determinado intervalo de tempo que, agora, pode ser arquivado como um evento definitivamente concluído?

Os acontecimentos que dizem respeito à humanidade em sua relação com o sobrenatural e com seu destino eterno não têm limites. A misteriosa viagem da eternidade ao tempo, do céu à terra, que a Virgem Maria realizou em 1917, impelida por seu inescrutável amor maternal, para aconselhar seus filhos no exílio a fim de ajudá-los em seu caminho para a Verdade, encontra-se entre as mais desconcertantes que se tem conhecimento. E continua sendo atual. Depois de cem anos, continua-se a discutir se as previsões feitas por Nossa Senhora em Fátima estão concluídas, ou se contêm sugestões que persistimos em ignorar.

Essa discussão tornou-se extremamente atual. Livros, artigos, documentos, testemunhos sucedem-se em um crescendo contínuo, como se houvesse no ar a percepção de que “algo muito grave”, já previsto em Fátima, esteja para acontecer.

Conforme relatamos em várias partes deste livro, o texto completo da mensagem de Fátima, transmitida por Nossa Senhora aos três videntes na aparição de 13 de julho de 1917, consiste em três partes. Naquela época, Nossa Senhora disse que os videntes deveriam guardar segredo sobre o que ela havia revelado. Depois, em 1941, Lúcia recebeu permissão para divulgá-lo. E ela assim o fez, em um relatório ao bispo de Leiria. Mas só revelou as duas primeiras partes. Apenas em 1944 ela escreveu a terceira parte, depois de grande sofrimento e indecisões dramáticas, que demonstram como o conteúdo daquela terceira parte deveria ser tremendamente temido e, portanto, combatido pelo Mal, por Satanás, disposto a fazer qualquer coisa para impedir sua divulgação. E a luta de Satanás com respeito a isso continuou de mil maneiras, e ainda hoje, depois de mais de um século, ela continua, de modo que o conteúdo dessa parte do segredo parece ainda permanecer desconhecido.

O relatório da Irmã Lúcia ao seu bispo, escrito em 1941, concluía com estas frases de Nossa Senhora: "Por fim, o meu Imaculado Coração triunfará. O Santo Padre consagrar-me-á à Rússia, que se converterá, e será concedido ao mundo algum tempo de paz. Em Portugal se conservará sempre o dogma da fé etc. Não diga isso a ninguém. A Francisco sim, você pode contar".

Poucas linhas, que contêm "grandes promessas", expressas não de forma condicional, mas afirmativa. Nossa Senhora indicava eventos que aconteceriam em um futuro indeterminado: a consagração da Rússia, a conversão da Rússia, um período de paz no mundo, Portugal que conservará o dogma da fé.

Essas "grandes promessas" foram cumpridas?

Deve ser enfatizado um elemento de fundamental importância, que geralmente é esquecido. Quase todos escrevem e dizem que Nossa Senhora pediu a consagração da Rússia ao "seu Imaculado Coração". Não está correto. A consagração da Rússia foi um pedido expresso pelo próprio Deus.

Nossa Senhora falou aos videntes dessa consagração na aparição de 13 de julho de 1917, dizendo que viria pedi-la. E o pedido foi feito doze anos depois, numa aparição ocorrida na noite de 13 de junho de 1929. Lúcia, em suas "Memórias", descreveu aquela aparição de forma ampla e detalhada, como não o havia feito em nenhum outro acontecimento. Nossa Senhora lhe apareceu em um ambiente de luz muito intensa, povoado pelos principais símbolos da fé cristã, como a cruz, o rosto ensanguentado de Jesus, a Eucaristia, o Coração de Maria coroado de espinhos etc., e uma grande inscrição com as palavras "Graça e misericórdia". No final da descrição da visão, Lúcia escreveu: "Compreendi que me havia sido mostrado o Mistério da Santíssima Trindade, e recebi luzes sobre esse Mistério que não posso revelar. Então, Nossa Senhora me disse: 'Chegou o momento em que *Deus pede* que o Santo Padre, em união com todos os bispos do mundo, faça a consagração da Rússia ao meu Imaculado Coração, prometendo salvá-la por este meio'".

Palavras que demostram, sem sombra de dúvida, que o pedido foi feito por Deus. Por isso os papas, ao saberem dele, se empenharam com solicitude para cumpri-lo. Pio XII o fez em 1942 e novamente em 1952. Paulo VI renovou a consagração feita por Pio XII em 1º de novembro de 1964, diante da assembleia do Concílio Ecumênico Vaticano II. O Papa Wojtyla, após o atentado sofrido em 13 de maio de 1981, fez e renovou essa consagração várias vezes em Roma e em todo o mundo. Em 1984, ele o fez de forma solene, na Praça de São Pedro, com grande parte dos bispos de todas as nações.

Mas, todas as vezes, os papas encontraram obstáculos, impedimentos que se opunham à realização desse pedido. E foram forçados a se mover em meio a muitas dificuldades para respeitar as condições indicadas pelo céu, isto é, que a consagração tinha de ser feita pelo papa, em união com todos os bispos, e deveria nomear expressamente a Rússia.

A frase "o papa em união com todos e os bispos" significa a Igreja. Não os crentes individualmente, ou autoridades eclesiásticas individualmente. A Igreja como um todo. Deus pediu esse ato coletivo. Mas obter o consenso unânime do colégio episcopal mundial, por mais simples que possa parecer, é muito complicado até para um papa. Há cerca de 4 mil bispos católicos titulares de várias dioceses ao redor do mundo. E são pessoas com suas próprias ideias, personalidades, convicções e diversos modos de julgar, inclusive no campo religioso, quando o julgamento diz respeito a setores não vinculados pela "verdade dogmática". Como se sabe, todas as aparições de qualquer espécie, mesmo que aprovadas pela Igreja, pertencem à "revelação privada", que não requer a adesão de todos os crentes.

Por isso, reunir todos os bispos, convencê-los, obter seu consentimento é uma tarefa e tanto. Em 1984, o Papa João Paulo II tentou preparar essa consagração com um ano de trabalho meticuloso, mas nem ele sabia se havia conseguido.

Em seguida, a nomeação de uma única nação, no decorrer de uma solene cerimônia religiosa, celebrada pelo papa em suas funções de Vigário de Cristo, Cabeça da Igreja Católica e Soberano de um Estado, pequeno, mas reconhecido pela comunidade mundial, envolvia outras imensas dificuldades políticas e diplomáticas.

Dessa forma, por uma razão ou por outra, nenhuma das várias consagrações da Rússia feitas até agora pelos papas foi realizada de acordo com as condições que haviam sido indicadas.

Nem mesmo a de 1984. O próprio João Paulo II, apesar de tê-la organizado com meticulosidade, tinha dúvidas. Por isso, interpelou Irmã Lúcia. As respostas da vidente que nos foram transmitidas não resolveram o problema. Muitas foram decididamente negativas. Mas nenhuma das fontes de onde provêm oferece confiabilidade absoluta. Há uma carta escrita pela Irmã Lúcia em agosto de 1989, na qual ela confirma a validade da consagração de 1984. Por ser uma carta manuscrita, dever-se-ia presumir que a resposta fosse segura. No entanto, posteriormente essa carta foi declarada uma falsificação.

Em uma entrevista em maio de 2000, Dom Pavel Hnilica, o bispo eslovaco amigo de João Paulo II, me disse que havia pedido à Irmã Lúcia explicações em nome do papa, e a resposta da vidente foi: "O Santo Padre fez tudo o que podia. Jesus está contente. Mas nem todos os bispos estavam unidos ao papa.

A consagração é válida, mas não completa". Mesmo essa resposta, ainda que afirme que "Jesus está contente", reitera que o procedimento solicitado não foi observado.

Parece também que, em determinado momento, Lúcia havia recebido uma imposição, por parte do Vaticano, de afirmar que aquela consagração era válida. E, por obediência, ela o fez. De fato, suas declarações após o ano 2000 eram hesitantes, mas não mais negativas, como aquelas anteriores a 2000.

A conversão da Rússia também permanece um enigma. Que a Rússia, oficialmente, tenha abandonado e superado o regime marxista-leninista ateu é um fato. Mas questiona-se se essa mudança pode responder ao significado entendido por Nossa Senhora com o termo "conversão".

Há também outro ponto obscuro no texto do grande segredo, que causou discussão e continua a ser discutido. A frase: "Em Portugal se conservará sempre o dogma da fé". É uma frase que fica entre a segunda parte do segredo e a terceira, que Lúcia escreverá alguns anos depois. Mas não tem conexão nenhuma com a que a precede e com a que a segue. Por isso, às vezes, é omitida por quem cita o documento, considerando-a uma frase avulsa, fora de contexto, mas que, ao contrário, é tida em muita consideração por outros.

Aqui está a frase em seu contexto: "por fim, o meu Imaculado Coração triunfará. O Santo Padre consagrar-me-á à Rússia, que se converterá, e será concedido ao mundo algum tempo de paz. *Em Portugal se conservará sempre o dogma da fé etc.* Não diga isso a ninguém. A Francisco sim, você pode contar".

Como se vê, a frase está desligada das "grandes promessas" indicadas por Nossa Senhora e que, de alguma forma, ocorreram ao longo do tempo. Os estudiosos concordam que aquela frase – "Em Portugal se conservará sempre o dogma da fé" – teria um significado preciso se colocada em contraposição a uma afirmação relativa a outra nação, ou a outras nações onde *não se conservará sempre o dogma da fé.*

A frase relativa a Portugal, Lúcia colocou-a seguida de um "etc.", ou seja, "etecetera". No texto manuscrito, que consultei em fotocópia, está precisamente aquela palavrinha "etc.", que Nossa Senhora certamente não usou, não faria sentido que a tivesse pronunciado. Portanto, foi utilizada por Irmã Lúcia para indicar outro texto de Nossa Senhora, que talvez precedesse a frase relativa a Portugal e que lhe dava um significado específico. Texto que, sendo composto pelas palavras de Nossa Senhora, deveria ter uma importância excepcional. Mas não o conhecemos. E surge a pergunta: por que não conhecemos esse texto?

Como já dissemos, Lúcia, no relatório ao bispo de Leiria de 1941, relatou as duas primeiras partes do segredo, mas não a terceira. O bispo se perguntava "por quê". Mais tarde, Lúcia disse que agiu por iniciativa própria, porque "não tinha certeza de que era a vontade de Deus revelar a terceira parte do segredo".

A permissão, aliás a ordem, para revelar o segredo, foi dada a ela por Nossa Senhora. Por que Lúcia não havia obedecido? De tudo o que podemos deduzir, ela estava "assustada" com o conteúdo daquele segredo e, também, "coagida" por forças negativas que a impediam de obedecer ao comando de Nossa Senhora. E naturalmente vem à mente que aquele "conteúdo" devia ser terrível, ainda mais impressionante do que a visão do inferno, e ao mesmo tempo "temido" pelo Maligno, que tentou de todas as maneiras impedir que fosse revelado.

Durante o verão de 1943, Lúcia ficou gravemente doente. O bispo de Leiria ficou preocupado, temia que morresse e que ele não obtivesse a terceira parte do segredo, que Lúcia ainda não havia escrito. Pensando que não o havia revelado por alguma disposição divina, sugeriu que ela o escrevesse e colocasse em um envelope lacrado, indicando a data em que poderia ser lida.

E ainda houve uma situação desconcertante de lutas e impedimentos. Lúcia queria cumprir os desejos do seu bispo, como sempre fizera, porque via nele a vontade de Deus, mas nessa ocasião não conseguiu. Precisou se engajar em uma forte luta contra si mesma, uma luta que durou meses e que literalmente paralisava todos os seus gestos físicos destinados a cumprir aquela obrigação.

No início desse estado, ela própria ficou maravilhada e pensou que se tratava de "um sinal, um aviso divino". Em setembro de 1943, escreveu uma carta ao bispo confidenciando-lhe a situação e dizendo-lhe abertamente que essa iniciativa era muito pesada para ela. No entanto, se o bispo assumisse a responsabilidade de ordenar-lhe formalmente, ela obedeceria.

O bispo, por sua vez, ficou surpreso com essas palavras e ele próprio começou a refletir sobre a oportunidade do pedido que havia feito. Ele passou um mês em orações e reflexões e ao final, em outubro, enviou a ordem a Lúcia, com a imposição, por obediência, de escrever tudo o que Nossa Senhora lhe dissera sobre o assunto.

Mas mesmo aquela ordem não funcionou. Todas as vezes que Lúcia se punha a escrever, suas mãos ficavam paralisadas e ela não conseguia continuar. Por dois meses, foi vítima daquele mal-estar, físico e espiritual. Finalmente, em 2 de janeiro de 1944, Nossa Senhora veio resolver o problema: apareceu a Lúcia e confirmou ser a vontade de Deus que ela obedecesse ao bispo. A partir desse momento, as influências negativas desapareceram, Lúcia se curou da doença que a atormentava e imediatamente redigiu o texto solicitado. Como o bispo havia sugerido, fechou-o em um envelope, no qual escreveu que, por vontade de Nossa Senhora, aquele envelope poderia ser aberto em 1960.

Lúcia sabia muito bem que havia escrito algo muito importante. E talvez, refletindo sobre as dificuldades que encontrara para escrever aquele texto, houvesse imaginado que se tratava de uma coisa fundamental para o bem da humanidade. Por isso não quis enviar o envelope a Dom José Correia da Silva por correio, nem mesmo confiá-lo a alguém que se deslocasse de Tuy para Portugal. Ela temia que se perdesse. Esperou até junho de 1944. Nesse mês, recebeu a visita do arcebispo de Gurza, Dom Manuel Maria Ferreira, que ela conhecia bem porque tinha sido seu confessor quando era jovem freira, e, confiando nele, entregou-lhe a carta. Manuel Ferreira levou-a pessoalmente ao bispo de Leiria, que não a leu e guardou-a no cofre do seu arquivo.

A carta permaneceu naquele arquivo por uma década e, então, também começou para ela e seu conteúdo uma aventura desconcertante. Desencadeou-se uma guerra que ainda está em curso. Uma guerra de mal-entendidos e confusões, que se poderia definir como uma imensa armadilha diabólica, com o objetivo de destruir a mensagem de Fátima.

Em 1955, o Cardeal Alfredo Ottaviani, que era pró-secretário do Santo Ofício, foi enviado pelo Papa Pio XII a Coimbra para falar com a Irmã Lúcia. Dois anos depois, o bispo de Leiria recebeu a ordem de transferir para o Vaticano a carta contendo a terceira parte do segredo.

O transporte foi feito manualmente. Dom João Pereira Venâncio, que era bispo auxiliar de Leiria, levou-a à Nunciatura Apostólica de Lisboa. Na ocasião revelou que, curioso, colocou o envelope em frente a uma lâmpada para examinar seu conteúdo. Disse que conseguiu observar que a escrita consistia em cerca de 25 linhas em uma única folha de papel.

De Lisboa, o envelope foi transferido para o Vaticano pelo núncio de Portugal, Fernando Cento, que mais tarde se tornaria cardeal, e chegou à Santa Sé em 16 de abril de 1957.

É certo que Pio XII não a leu. Lúcia ficou amargurada com isso. Em dezembro daquele ano, em uma entrevista, ela disse:

> A Santíssima Virgem está muito triste, porque ninguém dá importância à sua mensagem... Nem os bons nem os maus... Os bons continuam seu caminho sem prestar atenção à mensagem... Não posso dar mais detalhes, pois ainda é um segredo... Só o Santo Padre e Sua Excelência o bispo de Fátima poderiam tomar ciência disso, de acordo com a vontade da Santíssima Virgem... Mas eles não querem conhecê-la porque não querem ser influenciados por ela.

O texto desse segredo foi lido no verão de 1959 por João XXIII. O papa se encontrava na residência de Castelgandolfo para um período de descanso. Mandou trazer do Vaticano o envelope com o segredo. O pacote chegou no dia 17 de agosto. O papa disse que queria lê-lo com seu confessor e esperou alguns dias. João XXIII leu esse texto primeiro com o confessor, depois com o secretário Loris Capovilla, depois com o Cardeal Alfredo Ottaviani, que era o chefe da Congregação do Santo Ofício. Mas havia dificuldades para entender bem o manuscrito de Irmã Lúcia. O tradutor português da secretaria de Estado, Dom Paulo José Tavarez, foi chamado para dar uma versão clara e precisa. E este, por sua vez, para algumas expressões dialetais, obteve ajuda de outras pessoas. Portanto, naqueles dias de agosto, várias pessoas puderam ler o segredo.

Na Itália, houve um grande movimento de fervor mariano. Durante o ano de 1959, cerimônias religiosas solenes para o Imaculado Coração de Maria foram realizadas em todo o país. Durante vários meses, a imagem da Virgem de Fátima sobrevoou de helicóptero toda a península, parando em várias cidades. E onde parava, atraía multidões de devotos. Em 13 de setembro de 1959, todos os bispos da nação consagraram solenemente a Itália ao Imaculado Coração de Maria.

O ano de 1960 estava se aproximando. O Vaticano continuava a debater se o texto do segredo seria revelado ou não. Segundo Dom Capovilla, muitos prelados romanos foram consultados. Portanto, foram muitas as pessoas que então leram o texto de Irmã Lúcia. E, embora mantidos em sigilo profissional, falavam com amigos, parentes, que por sua vez falavam com outras pessoas. O conteúdo daquele segredo se espalhou, embora mutilado em sua verdade, mas semeando espanto, admiração e surpresa por toda parte. Os jornais também se interessaram e todos esperavam que o segredo fosse oficialmente revelado no início de 1960. Mas isso não aconteceu. Em 8 de fevereiro de 1960, um breve e frio comunicado de imprensa do Vaticano informava que o terceiro segredo de Fátima não seria revelado. O texto do comunicado afirmava, entre outras coisas: "Embora a Igreja reconheça as aparições de Fátima, não deseja assumir a responsabilidade de garantir a veracidade das palavras que os três pastorzinhos disseram que lhes foram dirigidas pela Virgem Maria".

Grande foi a decepção por parte dos devotos de Nossa Senhora de Fátima. Sobretudo porque aquela declaração fria e anônima colocava em dúvida a confiabilidade dos videntes, em particular da Irmã Lúcia.

E começaram a circular "indiscrições", classificadas como "absolutamente inconfiáveis", mas que despertavam enorme interesse.

Em 1963, o jornal alemão *Neues Europa*, de Stuttgart, publicou um texto alegando que havia sido retirado da versão original escrita pela Irmã Lúcia. O editor da revista, Louis Emrich, disse que se tratava de uma indiscrição diplomática, derivada de um "documento" que havia sido enviado pelas autoridades vaticanas aos líderes das grandes potências mundiais, com o objetivo de evitar a eclosão de uma nova guerra mundial.

Examinando o texto, fica-se imediatamente com a impressão de uma falsificação. Pelo menos na forma, no modo de expor, na extensão e em alguns outros detalhes. Mas algumas partes do conteúdo lembravam temas que também tinham sido mencionados por personalidades eclesiásticas que haviam realmente lido o texto.

Aquele texto falava de "guerras", de "transtornos climáticos" ("Fogo e fumaça cairão do céu, as águas dos oceanos se converterão em vapor e a espuma se elevará desordenadamente, e tudo afundará. Milhões e milhões de homens perecerão"), de "crise dentro da Igreja" ("Cardeais se oporão a cardeais; bispos a bispos; Satanás caminhará entre suas fileiras e em Roma haverá mudanças") e de "afirmação do poder de Satanás sobre o mundo" ("Satanás reina sobre os mais altos postos, determinando o curso das coisas... e conseguirá se introduzir até na cúpula da Igreja").

O texto foi repetido por muitos jornais ao redor do mundo. Em 1965, foi publicado na Itália pelo semanário *Il Borghese*, em 9 de setembro, e em 1975 pelo periódico *L'Araldo di Sant'Antonio*, em sua edição de 15 de maio. Nunca houve um desmentido por parte do Vaticano, nem das secretarias diplomáticas questionadas.

Então, em 2000, a pedido do Papa João Paulo II, a versão oficial foi publicada. Aquela que conhecemos. Um texto centrado, sobretudo, na figura do bispo vestido de branco que sobe uma íngrime montanha, onde depois será morto (no qual o Papa Wojtyla se reconheceu), e nos mártires cristãos, bispos, sacerdotes, leigos, que seriam mortos por sua fé. Mas nada mais.

Nessa página não há nada de catastrófico, terrível, que possa assustar e justificar quarenta anos de sigilo do Vaticano.

Muitos começaram a duvidar de que esse fosse o texto integral da terceira parte do segredo. E as dúvidas surgiram do fato de que, antes de 2000, houve várias admissões de altas autoridades eclesiásticas, que certamente leram o segredo, e que indicavam como principais temas contidos nele a crise da fé cristã, a crise dos valores humanos fundamentais, a crise da Igreja, até suas esferas superiores.

Um desses testemunhos inequívocos está ligado ao Papa João Paulo II.

Em novembro de 1980, o Papa Wojtyla estava em uma visita pastoral à Alemanha. Um encontro restrito do papa com um grupo de jornalistas católicos foi organizado em Fulda. E, naquele encontro, falou-se também sobre o segredo de Fátima que não tinha sido revelado em 1960, como todos esperavam.

Os presentes, nas suas perguntas, também se referiram ao texto (falso) publicado em 1963 pelo jornal de Stuttgart. A reunião não era secreta e foi gravada. As respostas do papa não ofereceram indícios de revelações sensacionais. Na verdade, passaram quase despercebidas. Mas foram retomadas após o atentado ao papa em maio de 1981. Foi a revista alemã *Stimme des Glaubens* que as publicou em novembro de 1981, seis meses após o atentado, portanto. E o editor daquela revista se esforçou em afirmar que a intervenção do papa estava sendo publicada na exata transcrição da gravação que fora feita na época.

As respostas do Papa Wojtyla deixavam claro que ele estava bem familiarizado com o texto do segredo. De fato, segundo uma declaração feita à *Associated Press,* em maio de 2000, pelo porta-voz Joaquin Navarro-Valls, João Paulo II havia lido o texto do segredo em 1978, imediatamente após sua eleição como pontífice. E, pelas respostas dadas em Fulda aos jornalistas alemães, parece que o texto que Wojtyla leu falava também de catástrofes, guerras, mortes, da crise da fé.

Perguntaram a João Paulo II por que o segredo não havia sido publicado pelo Vaticano em 1960, e sua resposta foi: "Dada a seriedade de seu conteúdo, meus predecessores no trono papal preferiram a solução diplomática de adiar sua publicação, a fim de não encorajar a força mundial do comunismo a fazer certos movimentos".

O que o papa queria dizer com a frase "a seriedade de seu conteúdo"?

Não sabemos. Mas, prosseguindo em seu discurso, ele fez alusões precisas: "Por outro lado, pode ser suficiente que todos os cristãos saibam disso: se há uma mensagem que diz que os oceanos inundarão partes inteiras da terra, que, de um momento para outro, milhões de homens morrerão, realmente não é mais o caso de ansiar tanto pela divulgação de uma mensagem tão secreta".

A referência aos oceanos que inundariam a terra e aos milhões de homens que morreriam é idêntica à contida no texto falso publicado em Stuttgart em 1963.

Foi perguntado ao papa: "O que acontecerá à Igreja?".

O Santo Padre respondeu: "Devemos nos preparar para em breve enfrentar grandes provações, que exigirão de nós a disposição de sacrificar até mesmo nossa vida pela dedicação total a Cristo e por Cristo. Com a vossa e a minha oração, é possível mitigar essa tribulação, mas já não é possível revertê-la, porque só assim a Igreja pode ser efetivamente renovada. Quantas vezes a renovação da Igreja brotou do sangue! Também desta vez não será diferente. Devemos ser fortes, preparar-nos, confiar em Cristo e em sua Mãe Santíssima e ser muito, muito assíduos na oração do rosário". E, agitando no ar o rosário que tinha na mão, acrescentou: "Aqui está o remédio para esse mal. Rezem, rezem e não peçam mais nada. Confiem tudo o mais à Mãe de Deus".

Até Joseph Ratzinger, o futuro Bento XVI, em 1984, quando era prefeito da Congregação para a Doutrina da Fé, afirmou o mesmo: "O conteúdo do terceiro segredo de Fátima diz respeito à crise de fé na Igreja Católica, uma apostasia que terá graves consequências para todo o mundo". Em longa entrevista com o jornalista Vittorio Messori, ao ser diretamente perguntado, Ratzinger afirmou que leu o texto do segredo. E disse que o conteúdo relacionava-se principalmente aos "perigos que pairam sobre a fé e a vida do cristão e, portanto, do mundo". "Se não é publicado – ao menos por enquanto –, é para não confundir profecia religiosa com sensacionalismo..." Disse ainda: "Os conteúdos desse 'terceiro segredo' correspondem ao anúncio da Escritura e são confirmados por muitas outras aparições marianas, a começar por essa mesma de Fátima...".

Em março de 1990, o Cardeal Silvio Oddi, numa entrevista ao semanário católico *Il Sabato*, disse: "O terceiro segredo de Fátima nada tem a ver com Gorbachev. A Santíssima Virgem nos advertia contra a apostasia na Igreja".

O Cardeal Mario Luigi Ciappi, que foi teólogo pessoal dos Papas João XXIII, Paulo VI e João Paulo II, escreveu em um documento pessoal enviado ao Professor Baumgartner, de Salzburgo: "No terceiro segredo se profetiza, entre outras coisas, que a grande apostasia na Igreja começará de seu vértice".

Em 1999, para o meu livro *Os milagres de Fátima: a história narrada pelo sobrinho de Irmã Lúcia*, tive oportunidade de conversar longamente com o Padre José Valinho, salesiano, sobrinho da Irmã Lúcia (e de quem já falei anteriormente), e fiz-lhe esta pergunta: "O senhor terá certamente falado muitas vezes com sua tia sobre o segredo. Sabe mais alguma coisa do que os outros?".

Padre Valinho me respondeu: "Minha tia é impenetrável nesse assunto".

Acrescentei: "O senhor já formou alguma opinião pessoal sobre o conteúdo dessa parte do segredo, que ainda continua desconhecida?".

"Sim, tenho uma ideia, que pode, como é natural, vir a revelar-se completamente errada. Considero que essa parte do segredo diga respeito à Igreja, ao interior da Igreja. Talvez se trate de dificuldades doutrinais, de crises de unidade, lacerações, rebeliões ou divisões. A última frase do escrito de minha tia, que precede a parte ainda desconhecida do 'segredo', diz o seguinte: 'Em Portugal se conservará sempre o dogma da fé'. Depois, começa a passagem que ainda não conhecemos. No entanto, essa frase dá-nos a entender que o tema da parte em falta poderia estar ligado, precisamente, à última afirmação conhecida. Assim, noutras partes da Igreja, esse dogma poderia vacilar."

Esses são alguns dos inúmeros testemunhos que circularam antes de 2000, argumentando que o texto do segredo também dizia respeito a guerras, catástrofes e crises da fé e da Igreja, ambientadas em um futuro dramático. Mas a publicação do texto do segredo, feita em 26 de junho de 2000, levou alguns dirigentes eclesiásticos a acreditar e declarar que o terceiro segredo de Fátima estava contido inteiramente naquela pequena página. Incrédulos e perplexos, vários especialistas no assunto começaram a coletar dados, documentos e depoimentos, para provar exatamente o contrário. Duas facções, dois partidos, se formaram, um contra o outro: um afirma e produz documentos em uma direção e o outro os contesta, declarando-os falsos, ou alterados, ou mal interpretados. Um clima tenso e hostil, sem sintonia com o espírito de Fátima.

Mas os papas são os guias infalíveis da humanidade. E, desde o início, intuíram o grande valor da mensagem de Fátima para o nosso tempo e indicaram o caminho a seguir. De 1917 até hoje, oito papas se sucederam no trono de Pedro e todos foram grandes apoiadores e divulgadores da mensagem de Fátima. Fátima continua.

É inegável, entretanto, que nosso mundo não melhorou desde 1917. Aliás, de todos os pontos de vista, piorou. Guerras, violência, terrorismo, ganância, materialismo, ateísmo dominam toda a família humana. As preocupações manifestadas por Nossa Senhora há mais um século não diminuíram. A batalha espiritual contra o Mal continua a ser extrema. Bento XVI, peregrino em Fátima em 2010, afirmou abertamente, num discurso sincero e preocupado: "Ilude-se quem pensa que a missão profética de Fátima acabou".

Paulinas

Rua Dona Inácia Uchoa, 62
04110-020 – São Paulo – SP (Brasil)
Tel.: (11) 2125-3500
http://www.paulinas.com.br – editora@paulinas.com.br
Telemarketing e SAC: 0800-7010081